Reden zur Ehrung Elisabeth Selberts

Reden zur Ehrung Elisabeth Selberts

75 Jahre Grundgesetz:
Wir ehren Dr. jur. Elisabeth Selbert
(*1896 - †1986 in Kassel)

Kundgebung am 25. Mai 2024 in Kassel

Diese Sammlung dokumentiert die Reden, die am 25. Mai 2024 zur Ehrung Dr. jur. Elisabeth Selberts in Kassel gehalten wurden. Urheber im Sinne des Urheberrechts sind die einzelnen Rednerinnen.

Bibliografische Information der Deutschen Nationalbibliothek: Die Deutsche Nationalbibliothek verzeichnet diese Publikation in der Deutschen Nationalbibliografie; detaillierte bibliografische Daten sind im Internet über *http://dnb.de* abrufbar.

ISBN: 978-3-949537-21-9

1. Auflage 2025

Hrsg.: Gerit Sonntag
Coverfoto vorne: ID197388350 | ©Manuel Esteban | Dreamstime.com
Coverfoto hinten: ©Pia Malmus
www.magas-verlag.de

Inhalt

EINLEITUNG 6

75 Jahre Grundgesetz! Ein Grund zum Feiern! 9
Astrid Warburg-Manthey

"Dem Reich der Freiheit werb' ich Bürgerinnen" 16
Wie Dr. jur. Elisabeth Selbert das Geschlechterverhältnis revolutionierte
Gunda Schumann

Poetry Slam GG Art. 3, Abs. 2 37
Monica Calla

Streifzug durch die Frauengeschichte 40
Monika Mengel

Frauen gibt es erst seit etwas mehr als 1.000 Jahren 48
A. P. Schulz

(Die) Mütter der Gleichberechtigung in den Anfängen der DDR 56
Susette Schubert

Dr. Elisabeth Selberts Blick in den frauenbewegten Osten im Nachkriegsdeutschland 59
Neue Erkenntnisse zu Emanzipation und Empowerment in den Anfängen der DDR
Dr. Grit Bühler

Wer war Elisabeth Selbert? 65
Dr. Gerit Sonntag

Elisabeth wir danken dir 75
Dr. Monika Barz und Marina Piestert

Die Realität stimmt nicht mit Artikel 3 überein 78
Gesine Pillardy

BIBLIOGRAPHIE 82

DIE REDNERINNEN 84

Einleitung

Aus Anlass des Jubiläums „75 Jahre Grundgesetz“ gab es am 25. Mai 2024 eine Kundgebung zu Ehren von Dr. jur. Elisabeth Selbert an ihrer Statue am Kasseler Scheidemannplatz. Zu dieser hatte die Initiative „Lasst Frauen Sprechen!“[1] aufgerufen und sie mit Unterstützung der Berliner Gruppe „Frauen Sprechen!“[2] organisiert.

Das große Banner mit Artikel 3 Absatz 2, auf dem das Porträt von Elisabeth Selbert neben dem Satz „Männer und Frauen sind gleichberechtigt“ zu sehen ist, wurde von zwei Frauen gehalten, die mit den typischen roten Richterroben und Mützen des Verfassungsgerichts bekleidet waren. So wurde an das in der Verfassung verankerte Grundrecht der Frauen auf Gleichberechtigung erinnert und der Schutz dieses Rechts durch das Bundesverfassungsgericht angemahnt.

Dem Anspruch, mit der Kundgebung auch einen Bildungsauftrag zu erfüllen, wurden die Reden, die über die herausragende Arbeit von Elisabeth Selbert informierten, mehr als gerecht. Viele Fraueninitiativen und -gruppen haben zum Gelingen dieser Veranstaltung beigetragen. Mehrere ausführliche Vorträge über Elisabeth Selbert brachten uns diese großartige Frau näher

1 lasst-frauen-sprechen.de/ 2 www.lsquadberlin.de/

und beleuchteten ihren Werdegang, ihren Arbeitswillen und ihre Durchsetzungskraft anschaulich.

Den kundgebenden Frauen ist die Würdigung und Sicherung des von Dr. Selbert ins Grundgesetz gebrachten Artikel 3, Absatz 2 wichtig. Und zwar ganz besonders in einer Zeit, in der Frauenrechte auch in Deutschland u.a. durch das sogenannte Selbstbestimmungsgesetz (SBGG) wieder stark gefährdet sind. Nach diesem Gesetz kann sich jeder Bürger und jede Bürgerin in Deutschland ohne irgendeine Art von Attest eines von vier möglichen rechtlichen Geschlechtern frei aussuchen: m(ännlich), w(weiblich), d(ivers) oder e(ntfällt). Dieser Vorgang kann jährlich wiederholt werden und somit ist die rechtliche Kategorie „Geschlecht" zu einer Beliebigkeit geworden.

Dass Elisabeth Selbert 1949 das biologische Geschlecht gemeint hat, ist eindeutig. Nun haben wir einen Paradigmenwechsel: Aus rechtlicher Sicht wird dem biologischen Geschlecht plötzlich eine Geschlechtsidentität, die auf einem individuellen Gefühl beruht, weitgehend gleichgestellt. Damit werden lang erkämpfte Frauenrechte infrage gestellt.

Einzelne Frauen,[1] Frauenrechtsorganisationen,[2] die EMMA[3] und viele andere haben bei der Vorbereitung des Gesetzesentwurfs auf dessen Fehler deutlich hingewiesen. Die Organisation für Lesben, Schwule und Bisexuelle *LGB Alliance e. V.* bezeichnet das Gesetz als grundgesetzwidrig.[4] Das *Lesbisches Aktionszentrum (LAZ) reloaded e.V.* hält es für verfassungswidrig.[5] Auch der Elternverbund *Trans Teens Sorge berechtigt*[6] hat sich deutlich gegen das SBGG ausgesprochen; seine und viele weitere Stellungnah-

1 diepodcastin.de/

2 www.frauenheldinnen.de/wp-content/uploads/2023/09/SBGG-Der-falsche-Weg-25-Frauenorganisationen-benennen-drohende-Auswirkungen.pdf

3 www.emma.de/artikel/das-gesetz-ist-voller-widersprueche-340341

4 lgballiance.de/2023/06/01/der-gesetzentwurf-zum-selbstbestimmungsgesetz-ist-grundgesetzwidrig/

5 www.laz-reloaded.de/wp-content/uploads/2025/01/Stellungnahme-LAZ-reloaded-e.V.-zum-SBGG-Entwurf_26_05_2023.pdf und www.laz-reloaded.de/wp-content/uploads/2025/01/Stellungnahme-LAZ-reloaded-zum-GE_23_08_2023.pdf

6 transteens-sorge-berechtigt.net/

men zum Gesetzesentwurf sind auf der Seite des Bundestags nachzulesen.[1] Die UN-Sonderberichterstatterin über Gewalt gegen Frauen und Mädchen, Reem Alsalem, hat die Einführung des sogenannten „Selbstbestimmungsgesetz" aus der Perspektive des humanitären Völkerrechts auf schärfste kritisiert.[2] Es erlaubt Einzelnen nicht nur per Sprechakt das rechtliche Geschlecht zu wechseln (Sprechgebot), sondern es verbietet gleichzeitig allen anderen die Realität des biologischen Geschlechts zu benennen (Sprechverbot).

Die hier dokumentierten Reden belegen, was für eine außergewöhnliche Person Elisabeth Selbert war und dass ihr Wirken von historischer Dimension ist. Sie erinnern daran, dass sie aufgrund fehlender Unterstützung der Partei ihr Ziel einer politischen Karriere nicht verwirklichen konnte, anders als ihre Mitstreiterinnen, die anfänglich sogar gegen die Formulierung im Grundgesetz gestimmt hatten. Die Reden zeigen auch, dass die im Grundgesetz verbriefte Gleichberechtigung nach wie vor ein Ziel in weiter Ferne und durch das sogenannten Selbstbestimmungsgesetz in größter Gefahr ist.

Dr. Gerit Sonntag, Herausgeberin

1 www.bundestag.de/ausschuesse/a13_familie/Anhoerungen/973786-973786

2 spcommreports.ohchr.org/TMResultsBase/DownLoadPublicCommunicationFile?gId=29160, siehe auch: www.laz-reloaded.de/wp-content/uploads/2024/09/Kommentierung-des-Briefs-von-Reem-A.-an-das-AA-und-die-Antwort-des-StAeV_04_09_2024.pdf (alle abgerufen am 04.01.2025)

Rede von Astrid Warburg-Manthey

75 Jahre Grundgesetz! Ein Grund zum Feiern!

Ein Grund zum Feiern? Ja, für unsere Demokratie, und zur damaligen Zeit war auch der Art. 3 GG ein Riesenschritt für uns Frauen.

Warum? Weil die vier vergessenen „Mütter des Grundgesetzes“ (Elisabeth Selbert, Helene Wessel, Helene Weber, Frieda Nadig), allen voran die unbeirrbare Kämpferin für die Frauenrechte in der Verfassung, Elisabeth Selbert, sich von den 61 Männern des Parlamentarischen Rates nicht haben einschüchtern lassen. Besonders Elisabeth Selbert, Tochter der Stadt Kassel, hat dafür gekämpft, den schlichten, aber für die damalige Zeit revolutionären und folgenreichen Satz

„Männer und Frauen sind gleichberechtigt“

1949 im Grundgesetz der Bundesrepublik Deutschland zu verankern! Obwohl sie sich selbst nicht als Frauenrechtlerin sah und bezeichnete, war sie mit ihrer Forderung nach uneingeschränkter Gleichberechtigung, und ihrem unerschütterlichen Glauben an die Möglichkeiten der Verfassung Vorreiterin. Mit Art. 117 legte sie einen weiteren Artikel nach, mit dem der Staat sich verpflichtete, bis 1953 alle Gesetze an die nun neue Rechtslage anzupassen. Doch erst 1958 trat dann tatsächlich das Gleichberechtigungsgesetz in Kraft.

Machen wir uns jedoch nichts vor: Frauenrechte sind auch heute leider (noch) nichts Selbstverständliches.

Es hat viele Jahre, Jahrzehnte, ja sogar über zwei Jahrhunderte gedauert, bis wir an dem Punkt angekommen sind, an dem wir uns heute befinden. Doch ganz aktuell haben unsere Rechte gerade einen riesigen Rückschritt erleben müssen, der uns von einer patriarchal fundierten Queerlobby vorgesetzt wurde: Das Selbstbestimmungsgesetz.

Mit ihm werden die mühsam erkämpften Frauenrechte untergraben, ausgehöhlt, und die Räume von und für uns Frauen, im konkreten wie übertragenen Sinne, erneut von Männern okkupiert! Damit verlieren sie die Schutz- und Schonfunktion, die sie ursprünglich aufgrund der trotz Art. 3 GG weiter vorhandenen Ungleichheit der Geschlechter haben sollten und müssen.

WARUM ÜBERHAUPT „RECHTE DER FRAUEN?"

Und warum müssen diese auch heute noch besonders hervorgehoben werden? Hier und heute sicher nicht, aber in vielen Zusammenhängen, Szenen, Schichten der Bevölkerung gibt es auch weiterhin Leute, die der Auffassung sind, Frauen wären doch „gleichberechtigt und bedürfen keiner Sonderbehandlung". Gerade als Gleichstellungsbeauftragte höre ich das immer mal. Sicherlich gibt es universelle Rechte, die unabhängig von Geschlecht, Ethnie, Religion, Kultur usw. gelten müssen. Doch auch diese Vorstellung wird in den verschiedenen Ländern unterschiedlich gesehen. Und auch Deutschland ist noch weit von einer wirklichen Gleichberechtigung entfernt! Und die „Erklärung der Menschenrechte" der Vereinten Nationen, auf die wir uns immer berufen, haben vor allem westliche Länder unterschrieben. Ich möchte an dieser Stelle gar nicht ausführlich auf die Diskrepanzen in der Betrachtung von Frauen und Männern in den unterschiedlichen Ländern eingehen, Beispiel Iran, Afghanistan, Jemen, Saudi-Arabien, verschiedene afrikanische Länder usw. Sondern darauf, was das Leben der Mädchen und Frauen von dem der Jungen und Männer in Deutschland unterscheidet.

In Europa, insbesondere Deutschland, lassen sich „Meilensteine“ konstatieren, die richtungsweisend für unsere heutige Vorstellung der Frauenrechte sind. Doch ein zentraler Faktor, der das Frau-Sein von dem des Mann-Seins auch hier unterscheidet, ist leider bis heute die Gewalt. Nach der letzten UN-Studie hat mindestens jede 3. Frau in Europa, und damit auch hier in Deutschland, ein- oder mehrmals häusliche und/oder sexuelle Gewalt erfahren müssen. Femizide finden im Schnitt alle 2-3 Tage statt, d.h. jeden 2,5. Tag wird eine Frau von ihrem Partner oder Expartner getötet.

Nach langem Kampf der Frauen der zweiten Deutschen Frauenbewegung war es eine logische Konsequenz, dass 1997 der Straftatbestand der „Vergewaltigung in der Ehe“ als Gesetz eingeführt wurde. Den ein Friedrich Merz damals übrigens als das „Ende der Ehe“ bezeichnete! Fünf Jahre später, 2002, ist dann das Gewaltschutzgesetz etabliert worden, das Opfer häuslicher Gewalt etwas besser schützen soll. So werden heute in der Regel gewalttätige Männer des gemeinsamen Hauses verwiesen, und es können gegen Täter einstweilige Verfügungen erlassen werden. Heute heißt es: „Wer Täter ist, der geht.“.

Etwas, was im Kontext wachsender Flucht und Migration eine immer größere Bedeutung gewinnt, ist das 2005 ratifizierte Gesetz zur Anerkennung geschlechtsspezifischer Gründe wie Female Genitale Mutilation (FGM) oder drohender Zwangsverheiratung als Flucht- und Asylgrund. Auch hier in Deutschland gibt es Zwangsheiraten, und daher wurde 2011 das Gesetz zur Bekämpfung von Zwangsheirat verabschiedet. Zwei Jahre später, 2013, dann die Verfolgung von FGM als Straftatbestand. Auch das Sexualstrafrecht wurde novelliert: so heißt es seit 2016

„Nein heißt Nein". Seit 2017 sind in Deutschland Ehen von Minderjährigen verboten und strafbar. Und wie wir mit der #MeToo-Kampagne erleben konnten, ist die sexuelle Belästigung auch heute immer noch wesentlich weiter verbreitet, als bis dato offen kommuniziert wurde. Nicht erst seit dem „Weinstein-Skandal", oder wie hier in Deutschland diskutiert, den angezeigten Übergriffen des Regisseurs Dieter Wedel. All das sind Maßnahmen, die zur Bekämpfung der Gewalt gegen Mädchen und Frauen in den letzten Jahrzehnten eingerichtet worden sind. All das ist ein Abriss der mühevoll erkämpften Rechte, die dem Schutz von Mädchen und Frauen dienen!

Doch es gibt weiterhin Ungerechtigkeiten und Benachteiligungen: Wenn weltweit gezielt weibliche Föten abgetrieben, Mädchen nach der Geburt oder in den ersten Lebensjahren umgebracht werden, weil sie als „teure Last" empfunden werden; immer noch werden Mädchen und Frauen auf grausamste Weise an ihren Genitalien verstümmelt, so dass sie ihr Leben lang an physischen und psychischen Folgen zu leiden haben; immer noch wird Mädchen die Bildung verwehrt, sie werden früh verheiratet, oft noch als Kind; sie werden geschlagen oder getötet um der „Ehre" willen. So erleben wir das auch in Deutschland durch Flucht und Migration immer mehr in den entsprechenden Communities. Wenn sie in manchen Ländern noch als Witwen verbrannt werden, weil sie die Familie Geld kosten, das diese nicht aufbringen kann und will, ist das ein geschlechtsspezifischer Fluchtgrund. Und ebenso, dass immer noch auch heute Mädchen und Frauen mit Partnern zwangsverheiratet werden, die sie nicht kennen, die sie nicht aussuchen durften und die sie nicht wollen. Dabei sind Frauen- und Mädchenrechte universell und kein „deutsches", westliches Phänomen! Wir müssen dafür sorgen, dass auch alle hierher migrierten Frauen und Mädchen die gleichen Rechte haben, wie sie uns zugestanden – aber leider auch noch lange nicht ausreichend erfüllt – werden! Es werden Mädchen und Frauen in die Prostitution gezwungen, über Ländergrenzen hinweg wie Ware gehandelt; in der Pornographie ausgebeutet. Frauen und Mädchen sind vielfältigen und schweren Formen von Gewalt ausgesetzt. Auch in Europa, auch in Deutschland. Es sind immer noch einzelne, parteiübergreifende Stimmen, die sich für ein Ende der Prostitution und die Einführung des „Nordischen Modells" einsetzen.

Wir müssen jedes Jahr wieder am Equal Pay Day daran erinnern, wie lang Frauen mehr arbeiten müssen, um den gleichen Lohn wie Männer zu erlangen. Die Carearbeit der Kinder und der Eltern obliegt weiterhin vor allem den Frauen, die dadurch weniger Einkünfte haben und die Feminisierung der Altersarmut vorantreiben.

ARMUT UND ALTERSARMUT SIND IMMER NOCH WEIBLICH

Gewalt gegen Mädchen und Frauen bleibt ein soziales Problem. Auch das geplante Selbstbestimmungsgesetz darf nicht Frauenrechte zugunsten einer anderen marginalisierten Gruppe aufkündigen.

Auch wenn wir den 1957 gekippten „Gehorsamsparagraphen" schon lange nicht mehr haben, kursieren in vielen Familien und Gruppen weiterhin absolut patriarchale, zum Teil sogar patriarchal-archaische Vorstellungen darüber, wie Frau zu sein hat: nämlich dem Manne untertan, um im Christentum zu bleiben, oder wie es im Islam üblich ist: die Frauen sind gleichwertig vor Gott, aber nicht gleichberechtigt. Denn obwohl Artikel 3 GG der Gleichberechtigung von Frau und Mann eine Reform auch anderer Gesetze wie des BGB erforderlich machte, dauerte es viele Jahre, bis Frauen selbstbestimmt erwerbstätig sein konnten. Denn der vorige Gehorsamkeitsparagraph besagte, dass Frauen zwar arbeiten durften ohne Einwilligung von Vater und Mann, doch das nur, wenn sie die Tätigkeit mit ihren Pflichten als Hausfrau, Mutter und Ehefrau vereinbaren konnten!

Bis eine solche Reform eingeführt wurde, dauerte es bis 1977! Als ich Kind war, konnte meine Mutter gerade seit kurzer Zeit, nämlich seit 1962, ein eigenes Konto einrichten!
Oder heute: Auch wenn wir Machstrukturen durchschauen, Abhängigkeit und Unterdrückung hinterfragen und bekämpfen, sind diese bis heute auch in der Lohnarbeit zu finden!

- Warum ist Hausarbeit als unbezahlte Arbeit für Familie und Gesellschaft weiterhin weiblich?
- Warum sind Mädchen im Schnitt in den Abschlüssen von Schule und Ausbildung sowie Studium zwar besser als ihre männlichen Genossen, und haben doch weiterhin die eher niedrig bezahlten Jobs inne?
- Warum bestehen weiter unterschiedlichen Bezahlungen von Männern und Frauen? Hierauf wird jährlich mit dem „Equal Pay Day" hingewiesen!
- Warum sind Mädchen trotz vielfältiger Bemühungen in den gut dotierten MINT-Jobs weiter unterrepräsentiert?
- Warum sind viele Frauen in Teilzeit tätig, was ihre Aussicht auf eine auskömmliche Rente weiterhin aussichtslos macht?
- Warum wird die Reproduktionsarbeit, d.h. die Hausarbeit nicht zu gleichen Teilen von Männern und Frauen erledigt?
- Warum sind noch immer Frauen diejenigen, die den „Spagat" zwischen Mutterschaft, Erziehung und Berufstätigkeit hinbekommen müssen?
- Warum stoßen sich Frauen noch immer an der „Gläsernen Decke" und haben geringere Chancen, berufliche Karriere zu machen?
- Warum sehen Mädchen aus sozial benachteiligten Gruppen es auf einmal als Ziel an, frühzeitig Mutter zu werden, weil sie dadurch ihr Einkommen gesichert sehen? England war lange schlechtes Vorbild, doch Deutschland holt auf!
- Warum gibt es das ungerechte Steuerrecht, nach dem Frauen in der Regel diejenigen sind, die die schlechtere Steuer-

klasse haben, weil sie aufgrund von Teilzeittätigkeit geringes Entgelt erhalten?

An diesen Faktoren machte und macht sich die immer noch inferiore ökonomische Situation der Frauen fest.

All dieses Unrecht, diese Ungleichbehandlung geschieht, weil Mädchen und Frauen auch heute als weniger wert gesehen werden als Männer und Jungen. Es sind patriarchal-archaische Strukturen, die dieses Unrecht fördern.

Wir sehen, dass wir uns immer bewusst sein müssen, das und wo überall noch Mädchen und Frauen Benachteiligungen aufgrund ihres Geschlechts erleiden.

Elisabeth Selbert war eine kluge, unerschrockene Kämpferin für die Rechte von uns Frauen. Wir sollten sie uns weiter als Vorbild nehmen, gegen die immer noch bestehenden Formen direkter und struktureller Gewalt und Benachteiligung von Mädchen und Frauen anzukämpfen, egal wie viele Männer uns im Weg stehen!!

In diesem Sinne: **Wir geben nicht auf! We'll never surrender!**

Rede von Gunda Schumann

"Dem Reich der Freiheit werb' ich Bürgerinnen"

Wie Dr. jur. Elisabeth Selbert das Geschlechterverhältnis revolutionierte

Liebe Frauen,

Das oben stehende Motto stammt von Louise Otto-Peters, die so zwei Ausgaben ihrer Frauen-Zeitung im Jahre 1848/49 bezeichnete, bevor sie kurz danach, 1850, wieder verboten wurde. In der zweiten Hälfte des 19. Jahrhunderts formierte sich die erste deutsche bürgerliche und proletarische Frauenbewegung und stritt für gleiche Bedingungen bei Bildung, Arbeit und öffentlicher Teilhabe von Frauen und Mädchen.

VORBILDER UND ANSTOSS FÜR DEN KAMPF UM FRAUENRECHTE

Die jahrhundertelangen Kämpfe um die Menschenrechte für Frauen, angefangen von Olympe de Gouges in der Französischen Revolution über Mary Wollstonecraft, britische Schriftstellerin, Philosophin und eine der ersten Frauenrechtlerinnen, bis zu Louise Otto Peters als Mitbegründerin der ersten deutschen (bürgerlichen) Frauenbewegung und Helene Lange als eine ihrer Nachfolgerinnen, einer Verfechterin der Frauen- und

Mädchenbildung und Politikerin, waren für Elisabeth Selbert neben den Sozialisten August Bebel, Friedrich Engels und der proletarischen Frauenbewegung um Clara Zetkin Vorbilder und Anstoß zugleich[1].

DIE PERSON ELISABETH SELBERT

Wer war Elisabeth Selbert? Sie war eine Visionärin[2], brillante Juristin, SPD-Politikerin und radikale Frauenrechtlerin (heute würde frau sagen: Feministin) in der Sache, bezeichnete sich aber selbst nicht als solche.

Sie war für eine „revolutionäre" Umwälzung der Rechtsstellung der Frau in allen Lebensbereichen – und: Sie „machte Geschichte":

„Ich hatte einen Zipfel der Macht in meiner Hand gehabt und den habe ich ausgenützt, in aller Tiefe, in aller Weite, die mir rhetorisch zur Verfügung stand. Es war die Sternstunde meines Lebens, als die Gleichberechtigung der Frau damit zur Annahme kam."[3]

AUSSERORDENTLICHE VITA

Dieses Ziel in die Realität umzusetzen, bedurfte es einer außerordentlichen Vita, die zunächst ganz „normal" begann: Am 22.09.1896 in Niederzwehren bei Kassel geboren und aus kleinbürgerlichen Verhältnissen stammend (der Vater war Justizvollzugsbeamter), war es ihr verwehrt, eine höhere Schulbildung zu erhalten; als zweite von vier Töchtern machte sie einen mittleren Schulabschluss und arbeitete zunächst als Auslandkorrespondentin in einer Import-Export-Firma und dann, weil nach 1918

1 Vgl. Barbara Böttger, „Elisabeth Selbert, ‚Mutter' des Grundgesetzes, profilierte Politikerin, Anwältin aus Berufung, Frauenrechtlerin wider Willen", in: „Ariadne – Almanach des Archivs der deutschen Frauenbewegung, Den Frauen ihr Recht – Zum 100. Geburtstag von Elisabeth Selbert", Heft 30, September 1996, S. 4 [zit.: Böttger].

2 Lore Maria Peschel-Gutzeit, „Elisabeth Selbert und die Familienrechtsreform – eine unendliche Geschichte, in: Hans Eichel, Barbara Stolterfoht (Hg.), „Elisabeth Selbert und die Gleichstellung der Frauen – Eine unvollendete Geschichte", 2015, S. 119, 121 [zit.: Peschel-Gutzeit, Sammelband].

3 Böttger, S. 4.

Männer fehlten, als Postbeamtenanwärterin im Telegrafendienst. Als „Suchende" interessierte sie sich für Politik und Geisteswissenschaften (sie las Immanuel Kant!), und, durch ihren späteren Mann, Adam Selbert, Sozialdemokrat, Buchdrucker und Kommunalbeamter, angeregt, trat sie bereits 1918 in die SPD ein. Dort engagierte sie sich sofort. „Was ich mache, das tue ich ganz"[1], pflegte sie zu sagen. Sie war engagierte Wahlkämpferin und wandte sich insbesondere an die Frauen, um sie aufzufordern, von ihrem kürzlich errungenen Wahlrecht – am 12. November 1918 vom Rat der Volksbeauftragten mit Gesetzeskraft verkündet – auch Gebrauch zu machen. „Frl. Elisabeth Rhode" (so ihr Mädchenname) machte ihre Zuhörerinnen „vertraut mit unseren sozialistischen Frauenführerinnen und den größeren Vorkämpfern wie Bebel, Wilhelm Liebknecht usw. für das Frauenwahlrecht."[2] 1920 – dem Jahr ihrer Heirat mit Adam Selbert – war sie bereits gewählte Gemeinderätin von Niederzwehren und Delegierte der SPD-Reichsfrauenkonferenz in Kassel. In den Folgejahren wurde sie Mutter von zwei Söhnen – und dann ging sie auf die Überholspur: Ihr war klar, „[…] dass Frauen, wie alle, die im Leben etwas leisten wollen, fundiertes Wissen bieten müssen."[3] Das galt in ihren Augen besonders für politisch tätige Menschen, wie sie einer war.

Elisabeth Selbert, die kein Gymnasium besucht hatte, begann, in einer Art „zweitem Bildungsweg" (den es offiziell noch gar nicht gab) für die Abiturprüfung zu büffeln und konnte im Jahre 1926 als Externe dank eines fortschrittlichen Schuldirektors an der Luisenschule in Kassel die Abiturprüfung ablegen. Da war sie 30 Jahre alt. In demselben Jahr begann sie mit dem Jurastudium in Marburg und später in Göttingen. Finanziell un-

1 Antje Dertinger, „Ein ermutigendes Frauenleben: Elisabeth Selbert", in Hessische Landeszentrale für politische Bildung, Blickpunkt Hessen, Nr. 23/2020, S. 3 [zit.: Dertinger, Blickpunkt Hessen].

2 Antje Dertinger, Elisabeth Selbert: Ein selbstbestimmtes Frauenleben", in: Hans Eichel, Barbara Stolterfoht (Hg.), „Elisabeth Selbert und die Gleichstellung der Frauen – Eine unvollendete Geschichte", 2015, S. 12 [zit.: Dertinger, Sammelband].

3 Ebd.

terstützt wurde sie von ihrem Ehemann Adam Selbert, ihren Eltern und politischen Freunden; ihre Mutter übernahm zusammen mit dem Ehemann die Versorgung und Erziehung der beiden Kinder und eine unverheiratete Schwester kümmerte sich um den Haushalt.[1]

Ihr Studium in frauenfeindlicher Umgebung absolvierte Elisabeth Selbert in sechs Semestern und legte im Jahre 1929 die erste juristische Staatsprüfung ab. Im folgenden Jahr schrieb sie ihre Doktorarbeit und wurde 1930 mit dem Thema „Zerrüttung als Ehescheidungsgrund" zum „Dr. jur." promoviert. Mit dem gewählten Thema „Zerrüttungsprinzip" in Abkehr vom „Schuldprinzip" bei der Ehescheidung war sie ihrer Zeit um 47 Jahre voraus: Das Zerrüttungsprinzip im Ehescheidungsrecht wurde in der Bundesrepublik Deutschland erst mit der großen Ehe- und Familienrechtsreform im Jahre 1977 eingeführt. Anschließend trat Dr. Elisabeth Selbert den Referendardienst an und legte im Jahre 1934 die zweite juristische Staatsprüfung ab. In demselben Jahr beantragte sie ihre Zulassung als Rechtsanwältin.

RECHTSANWÄLTIN IM NATIONALSOZIALISMUS[2]

Zu dieser Zeit als Frau die Zulassung zur Rechtsanwaltschaft zu erhalten war fast ein Ding der Unmöglichkeit, denn verheiratete Frauen gehörten nach der NS-Ideologie an Heim und Herd. (Ab 1935 wurde Frauen die Rechtsanwaltstätigkeit untersagt.[3]) Es gelang ihr dennoch: Ihr persönlicher Widersacher beim zuständigen Oberlandesgericht Frankfurt war bei der Entscheidung über die Zulassung persönlich verhindert und sie machte geltend, wegen des Schicksals ihres Mannes (Arbeitslosigkeit aus politischen Gründen) allein für den Familienunterhalt aufkommen zu müssen.

1 Ebd., S. 13; Böttger, S. 6.

2 Vgl. zu Elisabeth Selbert im Nationalsozialismus: Böttger, S. 7, Dertinger, Blickpunkt Hessen, S. 5ff., dies., Sammelband, S. 15ff.

3 Böttger, S. 6.

Für den Erhalt der Rechtsanwaltszulassung Ende 1934 und die Ausübung des Berufs musste Elisabeth Selbert dem Bund Nationalsozialistischer Juristen zumindest als Fördermitglied beitreten, da sie kein Parteimitglied war. Um die Jahreswende 1934/35 eröffnete sie dann eine Anwaltspraxis für Familien- und Strafrecht. Da die Gestapo ihre Plädoyers überwachte, hielt sie offenen Widerstand für zu gefährlich. Aber „kleine Widerstandsleistungen“ waren möglich. Elisabeth Selbert:

„Vor allen Dingen wussten wir ja schon von den Konzentrationslagern und davon, wie die Leute ohne Haftbefehle und ohne förmliche Verfahren einfach abgeholt und dort eingesperrt wurden. Ich erinnere mich noch sehr gut, dass einige Rechtsanwälte, darunter auch ich, im gegenseitigen Einvernehmen einige Strafrichter, von deren Integrität wir überzeugt waren, im Geheimen um Verhängung einer Freiheitsstrafe gegen den eigenen Mandanten gebeten haben, weil der bei etwaigem Freispruch an der Saaltür von Gestapobeamten empfangen und in so genannte Schutzhaft, das heißt ins KZ, gebracht worden wäre.“[1]

Alles in allem: Elisabeth Selbert zählte damit zu einer sehr kleinen Minderheit unter den Deutschen: Sie kam politisch unbelastet durch die Zeit der nationalsozialistischen Terrorherrschaft und war – durch ihr vielfältiges politisches Engagement, mit dem notwendigen politisch-juristischen Handwerkszeug, „preußischer Disziplin“[2] und einem breiten beruflichen Erfahrungshorizont ausgestattet – bereit und willens, in wichtiger Funktion am Wiederaufbau Deutschlands mitzuwirken. Dabei war sicher hilfreich, dass sie als Person „absolut uneitel, integer, [und] der ‚Sache dienen‘ wollend“[3] war.

BERUFLICHE STATIONEN UND POLITISCHES ENGAGEMENT[4]

1 Dertinger, Sammelband, S. 17. 2 Böttger, S. 7. 3 Ebd., S. 8.

4 Vgl. zu beruflichen Stationen: Böttger, S. 6f.; Dertinger, Sammelband, S. 19, 21; Dertinger, Blickpunkt Hessen, S. 12.

Hier eine Übersicht über das politische Engagement und die beruflichen Stationen von Elisabeth Selbert. Weimarer Zeit: Seit 1918 Mitglied der SPD, 1920 Delegierte der SPD-Reichsfrauenkonferenz in Kassel, 1919–1927 Mitglied des Gemeindeparlaments in Niederzwehren bei Kassel, ferner Mitglied des Bezirksvorstandes in Kassel, 1933 SPD-Kandidatin für den Reichstag, ab Dezember 1934 (bis nahezu dem Kriegsende) Rechtsanwältin in Kassel für Familien- und Strafrecht.

Nach Kriegsende 1945 berief die amerikanische Militärbehörde Elisabeth Selbert, welche zugleich wegen ihrer politischen Herkunft und guten Englischkenntnisse deren Verbindungsperson und Beraterin war, in die Kasseler Stadtverwaltung.[1] Sie baute zusammen mit ihrem Mann die Kommunalverwaltung wieder auf. Wenig später wurde sie in den Stadtrat gewählt, dem sie bis 1952 angehörte. Parallel dazu eröffnete sie auf Drängen der Amerikaner ihre Rechtsanwaltskanzlei wieder, diesmal mit angeschlossenem Notariat. In ihren Praxisräumen traf sich der SPD-Parteivorstand, dem sie angehörte; auch die Arbeiterwohlfahrt wurde dort wiedergegründet; später reiste sie als Mitglied des SPD-Parteivorstandes und des Rechtsausschusses, denen sie bis 1956 angehörte, regelmäßig nach Bonn und als Mitglied der Verfassungsgebenden Landesversammlung und des Hessischen Landtages ab 1946 bis 1958 nach Wiesbaden. 1948/49 kam noch die Arbeit im Parlamentarischen Rat in Bonn dazu (hierzu später mehr). Ein ungeheures Arbeitspensum, das sie nur „mit der Stoppuhr in der Hand“[2], d. h., preußischer Selbstdisziplin und einer Haushaltshilfe – denn sie stand ja einem Haushalt mit anfangs drei Männern vor – bewältigen konnte.

1 Heike Drummer meint, dass sich die Amerikaner eine stärkere Beteiligung von Frauen am Aufbau der Demokratie wünschten, vgl. dies., „Sternstunde ihres Lebens“ – Weit mehr als ein Spielfilm über Elisabeth Selbert, in: Hans Eichel, Barbara Stolterfoht (Hg.), „Elisabeth Selbert und die Gleichstellung der Frauen – Eine unvollendete Geschichte“, 2015, S. 137, 139 [zit.: Drummer, Sammelband]

2 Böttger, S. 7.

DIE „STERNSTUNDE" IHRES LEBENS: ELISABETH SELBERT HAT DEM GLEICHBERECHTIGUNGSGEBOT INS GRUNDGESETZ VERHOLFEN!

Es war wohl, nach der Journalistin Barbara Böttger die „besondere historische Konstellation […]"[1], welche im Jahre 1949 dem Gleichberechtigungsgebot des Art. 3 Abs. (2) ins Grundgesetz verhalf. Und die Autorin Elke Schüller meint:

> *„Ohne die Vorarbeit und die Frauenrechtskämpfe vor 1933 [wäre dieser Erfolg] nicht denkbar gewesen […] – im Grunde wurde hier verspätet eine Ernte eingebracht, die von der [ersten] Frauenbewegung ausgesät worden war."*[2]

War das so? Wir werden sehen.

Auf jeden Fall sah die Ausgangssituation zunächst völlig anders aus: Die Frauen an den Schalthebeln der Macht waren zahlenmäßig sehr gering – und ihr Zusammenhalt: Nicht offensichtlich. Da bedurfte es einer mit allen Wassern gewaschenen, „ausgebufften", das juristische Herrschaftswissen und die politische Erfahrung exzellent einsetzenden, mit eiserner Selbstdisziplin und dem Willen zur „revolutionären Umwälzung der Rechtsstellung der Frau in allen Lebensbereichen" ausgestatteten Politikerin, um allen Widerständen – von Männern **und** Frauen – zum Trotz dieses Ziel zu erreichen.

Doch zunächst die Fakten zum verfassungsrechtlichen und politischen Aufbau in den westdeutschen Zonen.[3]

Da die westlichen Besatzungsmächte für die Zukunft ein föderal strukturiertes Deutschland wünschten, erfolgte zunächst ab Sommer 1945 die Gründung der Länder. Das erste dieser Länder als Teil der amerikanischen Besatzungszone war Groß-Hessen, wie es zunächst genannt wurde. Mit Wirkung vom 12.

1 Ebd., S. 5.

2 Elke Schüller „Unserem Recht zu seinem Recht verhelfen", in: „Ariadne – Almanach des Archivs der deutschen Frauenbewegung, Den Frauen ihr Recht – Zum 100. Geburtstag von Elisabeth Selbert", Heft 30, September 1996, S. 24 [zit.: Schüller 1].

3 Vgl. hierzu Dertinger, Blickpunkt Hessen, S. 10ff., Dertinger, Sammelband, S. 21, Böttger, S. 7.

Oktober 1945 erfolgte die Gründung der zivilen Landesregierung für Groß-Hessen mit Sitz in Wiesbaden. Anfang des Jahres 1946 fanden dort Gemeinde- und Kreistagswahlen statt und am 30. Juni 1946 wurden die Mitglieder der hessischen Verfassungsberatenden Landesversammlung gewählt. Zu diesem Gremium gehörte auch die SPD-Politikerin Elisabeth Selbert. Dabei war die Neugestaltung der Rechtspflege – Stichworte: „Unschuldsvermutung" und die richterliche Unabhängigkeit – und der Wirtschaftsordnung, z.B. die Beschlagnahme der ehemaligen Kriegsindustrie, inhaltlicher Schwerpunkt ihrer Arbeit. Und nicht zu vergessen: Als „Familienrechtlerin aus Erfahrung und Staatsrechtlerin aus Passion"[1], wie sie sich selbst zu charakterisieren pflegte, war sie führend an der Durchsetzung und Ausformulierung des Gleichheitssatzes in der hessischen Verfassung, welche über die rein staatsbürgerliche Gleichheit hinausging, beteiligt gewesen[2]. Dort lief sie sich schon einmal warm für die Debatten im zukünftigen Parlamentarischen Rat (PR), dem sie gern angehören wollte. Denn der von den Westalliierten angeordnete föderal verfasste Staat sollte neben den Länderverfassungen auch eine Gesamtverfassung erhalten, deren Erarbeitung Aufgabe eben dieses PR war. Dessen Mitglieder wurden wiederum von den Landtagen gewählt.

ELISABETH SELBERT IM PARLAMENTARISCHEN RAT[3]

Und hier beginnt der politische Krimi: Die hessischen SPD-Landtagsabgeordneten wollten Elisabeth Selbert nicht als Kandidatin für den PR aufstellen. Sie wurde erst auf Intervention der Frauensekretärin im SPD-Parteivorstand, Herta Gotthelf,[4]

1 Dertinger, Blickpunkt Hessen, S. 12. 2 Schüller 1, S. 24f.

3 Vgl. dazu Dertinger, Blickpunkt Hessen, S. 13ff., Dertinger, Sammelband, S. 30f., Schüller 1, S. 24ff.

4 Ulrike Schultz, Ein Quasi-Stürmlein und Waschkörbe voller Eingaben. Die Geschichte von Art. 3 Abs. 2 Grundgesetz, in: Frauen und Recht. Reader für die Aktionswochen der kommunalen Gleichstellungsbeauftragten 2003. Im Auftrag des Ministeriums für Gesundheit, Soziales, Frauen und Familie NRW. Düsseldorf 2003, S. 54-60 [zit.: Schultz], www.fernuni-hagen.de/rechtundgender/downloads/Art._3.pdf (Zugriff: 04.01.2025).

und auf Druck von Kurt Schumacher, dem SPD-Vorsitzenden in den Westzonen, mangels freier Mandate in Hessen von den sozialdemokratischen Landtagsabgeordneten im benachbarten Niedersachsen als Kandidatin aufgestellt, gewählt und in den PR entsandt. Elisabeth Selbert wurde Mitglied in den Ausschüssen für den Verfassungsgerichtshof und die Rechtspflege, da sie die Festlegung rechtsstaatlicher Grundsätze nach den Erfahrungen im Nationalsozialismus für dringlich hielt.

Am 01. September 1948 trat der PR in Bonn zu seiner konstituierenden Versammlung zusammen. Das von seinen Mitgliedern zu erarbeitende Grundgesetz (GG) sollte bis zur Wiedervereinigung Deutschlands als vorläufige Verfassung für die Bundesrepublik gelten.

Der PR hatte 65 Mitglieder, die von den 11 Länderparlamenten gewählt waren; darunter waren nur vier weibliche Abgeordnete (6%!): Frederike (Frieda) Nadig (SPD), Dr. Elisabeth Selbert (SPD), Dr. Helene Weber (CDU) und Helene Wessel (Vorsitzende des Zentrums). Außer Elisabeth Selbert waren alle nicht verheiratet (!).[1]

DER WEG ZUM ERFOLG IST MIT NIEDERLAGEN GEPFLASTERT – DER KAMPF UM ART. 3 ABS. (2) GG[2]

Die Vorlage für das GG stammte von einem Verfassungskonvent, der sich im Auftrag der 11 Regierungschefs der westlichen Bundesländer konstituiert und im August 1948 in Herrenchiemsee getagt hatte. Hinsichtlich der Gleichberechtigung von Männern und Frauen im Grundrechtskatalog fiel das Ergebnis hinter die Weimarer Reichsverfassung (WRV) zurück. In Art. 109 hatte es geheißen: „Männer und Frauen haben grundsätzlich dieselben

1 Cornelia Filter, „Her mit unseren Rechten!“, in: Emma, Mai/Juni 2024, S. 48, 50 [zit.: Filter].

2 Vgl. hierzu: Dertinger, Blickpunkt Hessen, S.14ff., Schüller 1, S.24ff., Karin Gille-Linne, „Abgelehnt! Wie die Gleichberechtigung dennoch ins Grundgesetz kam und welche Rolle die Juristin Elisabeth Selbert dabei spielte“, in: Hans Eichel, Barbara Stolterfoht (Hg.), „Elisabeth Selbert und die Gleichstellung der Frauen – Eine unvollendete Geschichte“, 2015, S. 27ff. [zit.: Gille-Linne, Sammelband], Schultz, S. 2ff.

ben staatsbürgerlichen Rechte und Pflichten." Im Entwurf von Herrenchiemsee wurden Frauen nicht einmal erwähnt. Dort heißt es: „(1) Vor dem Gesetz sind alle gleich. (2) Der Grundsatz der Gleichheit bindet auch den Gesetzgeber. (3) Jeder hat den Anspruch auf gleiche wirtschaftliche und kulturelle Entwicklung."[1] Der Grundsatzausschuss (GA) des PR änderte den Grundrechtskatalog der Vorlage und orientierte sich in Bezug auf die Gleichberechtigung in Art. 3 Abs. (2) an der Weimarer Verfassung: „Männer und Frauen haben dieselben staatsbürgerlichen Rechte und Pflichten." Das bedeutete aktives und passives Wahlrecht, aber kein individuell durchsetzbares Grundrecht für die Frau.

Elisabeth Selbert gehörte dem GA selbst nicht an. Jetzt aber wurde sie hellhörig: Ihre Unterstützerin, die Frauensekretärin im SPD-Parteivorstand, Herta Gotthelf, hatte sie zuvor für die Dringlichkeit des Themas sensibilisiert und sie gebeten, auf der sozialdemokratischen Frauenkonferenz in Wuppertal im September 1948 einen Vortrag zur „Rechtsstellung der Frau" zu halten. Die Themen waren

- die familienrechtlichen Bestimmungen des Bürgerlichen Gesetzbuches (BGB), welche die verheiratete Frau zu einer beschränkt geschäftsfähigen Person und Leibeigenen ihres Ehemannes degradierten, und
- die Verankerung von Frauenrechten in der Verfassung.

Diese Idee stammte ursprünglich vom Demokratischen Frauenbund Deutschlands (DFD), der im Jahre 1947 in der deutschen Ostzone gegründet worden war. Herta Gotthelf war mit der Vorsitzenden der DFD-Verfassungskommission, Käthe Kern, gut vernetzt.[2]

Elisabeth Selbert sagte zum o.g. Entwurf des GA daher:

1 Filter, S. 50.

2 Dr. Grit Bühler, Gastbeitrag zu „75 Jahre Grundgesetz, Wir ehren Dr. Elisabeth Selbert", 25. Mai 2024, Kassel, S. 6, lasst-frauen-sprechen.de/category/gastbeitrag/

„[Es ist] eine Selbstverständlichkeit […], dass man heute weiter gehen muss als in Weimar und dass man den Frauen die Gleichberechtigung auf allen Gebieten geben muss. Die Frau soll nicht nur in staatsbürgerlichen Dingen gleichstehen, sondern muss auf allen Rechtsgebieten dem Manne gleichgestellt werden.“[1]

Die Reflexion über ihre Erfahrungen als Delegierte der Reichsfrauenkonferenz 1920 halfen ihr dabei, folgenden Schluss zu ziehen:

„[Ich war einerseits tief beeindruckt gewesen von der] geschlossenen Phalanx von hochengagierten Frauen, die sich für politische Ziele einsetzten, nicht nur für politische Frauenarbeit, sondern für partei- und staatspolitische Ziele. […] Sie haben sich [aber andererseits] nicht sehr mit Frauenthemen beschäftigt, deshalb konnte es auch passieren, dass im Weimarer Reichstag die Reform des Familienrechts überhaupt nicht vorwärtsgekommen ist. […] Das ist mir erst später bewusst geworden, als ich als Anwältin tätig war und nun die Reform des Familienrechts zum Anlass nahm, die Gleichberechtigung im Parlamentarischen Rat durchzusetzen.“[2]

Zum Procedere: Der GA bereitete die Formulierung des Grundrechtskatalogs einschließlich der Abänderungsanträge der Fraktionen und den dann folgenden Mehrheitsvoten der im GA vertretenen Parteien vor, sodann wurde der Vorschlag des GA mit eventuellen Abänderungsanträgen der Fraktionen dem Hauptausschuss (HA) zur endgültigen Abstimmung (1.-3. Lesung) überwiesen.

Elisabeth Selbert legte daher ihrer Fraktion einen Abänderungsantrag vor, den Artikel 3 Abs. (2) schlicht, aber eindeutig und durch seinen imperativen Auftrag folgenreich, umzuformulieren wie folgt: „Männer und Frauen sind gleichberechtigt.“

1 Schüller 1, S. 24. 2 Böttger, S. 7

DIE FRAKTION LEHNTE DEN ABÄNDERUNGSANTRAG AB

Am stärksten protestierte ihre SPD-Kollegin im PR, Frieda Nadig, von Beruf Wohlfahrtspflegerin sowie Geschäftsführerin der Arbeiterwohlfahrt und Politikerin:

> *„Du kannst doch nicht das ganze Familienrecht außer Kraft setzen oder ändern wollen, das bedeutet ja ein Rechtschaos."*[1]

Elisabeth Selbert hielt dagegen:

> *„Ähnliches hat man auch bei Schaffung der Weimarer Verfassung gesagt und nur ein halbes Werk getan. Einmal muss der Anfang gemacht werden, um aus dem Zustand des Deklamatorischen herauszukommen. Die neue Verfassung gibt Gelegenheit dazu, Versprechungen einzulösen."*[2]

Schließlich nahm die Fraktion den Abänderungsantrag Elisabeth Selberts an, aber erst, nachdem Kurt Schumacher sein Plazet gegeben hatte. Im PR stand Elisabeth Selbert allerdings „allein auf weiter Flur".[3] Ihre Fraktion unterstützte zwar ihren Antrag, aber nur halbherzig.[4]

Im GA wurde der Abänderungsantrag der SPD-Fraktion am 30. November 1948 von Frieda Nadig eher widerwillig begründet und schließlich von diesem mit dem Argument abgelehnt, dass dann das BGB verfassungswidrig sei. Elisabeth Selbert hatte es eigentlich nicht für nötig gehalten, wegen der Frauenrechte dem GA anzugehören, denn nach den Erfahrungen der Frauen in zwei Weltkriegen hatte sie angenommen, die Gleichberechtigung der Frau ginge ohne politischen Kampf über die Bühne.[5]

Sie sah nun ihren Irrtum ein und nahm „den Kampf mit den Gewalten"[6] im HA, dem wichtigsten öffentlich tagenden Organ des PR, auf. Am 03. Dezember 1948 stellte die SPD-Fraktion

---

1 Schüller 1, S. 24. 2 Ebd. 3 Ebd. 4 Dertinger, Blickpunkt Hessen, S. 17.
5 Schüller 1, S. 25. 6 Ebd.

den Abänderungsantrag im Hauptausschuss. Elisabeth Selbert verteidigt den Antrag mit den Worten:

> *„In meinen kühnsten Träumen habe ich nicht erwartet, dass der Antrag im Grundsatzausschuss abgelehnt werden würde. […] Die Frau, die während der Kriegsjahre auf den Trümmern gestanden und den Mann an der Arbeitsstelle ersetzt hat, hat heute einen moralischen Anspruch darauf, so wie der Mann bewertet zu werden."*[1]

Weiterhin wies sie die Abgeordneten des PR auf die Machtposition der Frauen hin, „…da mit den Stimmen der Frauen als Wählerinnen gerechnet werden muss […] und wir auf 100 Wähler 170 Wählerinnen rechnen."[2]

Schließlich warnte sie: „Sollte der Artikel in dieser Fassung heute wieder abgelehnt werden, so darf ich Ihnen sagen, dass in der gesamten Öffentlichkeit die maßgeblichen Frauen wahrscheinlich dazu Stellung nehmen werden, und zwar derart, dass unter Umständen die Annahme der Verfassung gefährdet ist."[3]

Trotzdem wurde der Antrag **mit elf zu neun Stimmen abgelehnt – auch die beiden PR-Kolleginnen, Dr. Helene Weber von der CDU und Helene Wessel vom Zentrum stimmten dagegen**. Die Begründungen – die Formulierung sei „überflüssig" und im Blick auf die Rechtsfolgen abzulehnen – waren fadenscheinig und juristisch nicht begründbar. Die beiden Politikerinnen (von Beruf Oberlehrerin bzw. Kauffrau/Fürsorgerin) waren bereit, sich mit einer „Gleichberechtigung" zufrieden zu geben, die keine Verbesserung der Rechtsstellung von Frauen herbeiführen konnte.

Nach dieser abermaligen Abstimmungsniederlage änderte Elisabeth Selbert ihre Strategie zwecks Brechung des Widerstands im PR mit einem geschickten juristischen Schachzug und einer außerparlamentarischen Werbekampagne: Sie erarbeitete

1 Ebd. 2 Ebd.

3 Ebd., S. 25f. Die Ratifizierung des Grundgesetzes durch eine Volksabstimmung wurde aber letztendlich von der Mehrheit der Abgeordneten abgelehnt, vgl. Böttger, S. 5, Fn.7.

mit der – politisch vorbelasteten, aber in Frauenrechten sehr engagierten[1] – Ratsassistentin und späteren Richterin am Bundesverfassungsgericht, Hiltrud von Brünneck, eine Übergangsvorschrift (Art. 117 GG), nach der dem Gleichberechtigungsgebot entgegenstehendes Recht noch bis 31. März 1953 weiter gelten sollte[2] – und sie holte sich außerparlamentarische Unterstützung für ihre konsequente Gleichberechtigungsformel durch „maßgebliche" Frauen ein, obwohl sie wusste, dass ein solch pragmatisches Verhalten in ihrer Partei nicht geschätzt wurde.[3]

WIE LIEF DIE AUSSERPARLAMENTARISCHE UNTERSTÜTZUNG FÜR DIE GLEICHBERECHTIGUNG IM GRUNDGESETZ AB?[4]

Zur außerparlamentarischen Unterstützung für die Gleichberechtigung im GG ist die Quellenlage sehr unübersichtlich, Fiction und Fact liegen eng beisammen. Unstreitig ist folgendes:

- Die breite Masse der weiblichen Bevölkerung zeigte wenig Interesse an der Kodifizierung der Gleichberechtigung im Grundgesetz, einmal, weil das tägliche Überleben im Vordergrund stand, zum anderen, weil Presse und Funk das Thema ignorierten. Sogar der Frauenfunk des Hessischen Rundfunks widmete dem Kampf um die Gleichberechtigung im PR keine Sendung[5] (anders als im Spielfilm „Sternstunde ihres Lebens" von 2014!). Um dieses Informations-

1 Hiltrud von Brünneck (später verh. Rupp-von Brünneck) war im Reichsjustizministerium an der Arisierung der Grundstücke von jüdischen EigentümerInnen beteiligt und u.a. Mitglied der NS-Frauenschaft, www.deutschlandfunkkultur.de/wiltraut-rupp-von-bruenneck-von-der-ns-juristin-zur-bundesverfassungsrichterin-100.html (Zugriff: 04.01.2025).

2 Christine Hohmann-Dennhardt, „Artikel 3 Absatz 2 Grundgesetz – ein verpflichtendes Erbe", in: Hans Eichel, Barbara Stolterfoht (Hg.), „Elisabeth Selbert und die Gleichstellung der Frauen – Eine unvollendete Geschichte", 2015, S. 37, 38 [zit.: Hohmann-Dennhardt, Sammelband].

3 Dertinger, Sammelband, S. 25.

4 Vgl. hierzu: Dertinger, Blickpunkt Hessen, S.14ff., Schüller 1, S. 24ff., Gille-Linne, Sammelband, S. 27ff., Schultz, S. 2ff.

5 Schüller 1, S. 26.

defizit auszugleichen, ist Elisabeth Selbert „[w]ie ein Wanderprediger [...] von Versammlung zu Versammlung gefahren und [hat] den Frauen erzählt, was für eine Art Ausnahmegesetz sie zu erwarten hätten, wenn sie nicht dazu beitrügen, den CDU-Antrag („Das Gesetz muss Gleiches gleich, Verschiedenes nach seiner Eigenart behandeln"[1]) zu Fall zu bringen."[2]

- Für die überparteilichen Frauenverbände, die sich größtenteils in der Tradition der ersten (bürgerlichen) Frauenbewegung verorteten, gehörte die Forderung nach Gleichberechtigung zu den Grundfesten ihrer Arbeit und der Lobbyismus zu ihren bevorzugten politischen Mitteln (z.B. der Frankfurter Frauenausschuss). Fast alle größeren Frauenverbände der Nachkriegszeit hatten Ausschüsse für Rechtsfragen gebildet und namhafte Juristinnen spielten dort eine Rolle: Emmy Engel-Hansen (Rechtsanwältin und später Richterin am Hessischen Verwaltungsgerichtshof), Erna Scheffler (spätere Richterin am Bundesverfassungsgericht) und Elisabeth Schwarzhaupt (spätere Bundesgesundheitsministerin). Beim Interzonalen Frauenkongress in der Frankfurter Paulskirche 1948 hatten die Frauenverbände ihre Beteiligung an den Vorbereitungen zur deutschen Verfassung eingefordert.[3] Da fiel die Mobilisierung durch Elisabeth Selbert nicht schwer.
- Geschätzt 1.759[4] und nachweislich 20[5] registrierte und archivierte Eingaben – Telegramme, Briefe und Resolutionen – von Politikerinnen, Gewerkschafterinnen und überpartei-

1 Vgl. Dertinger, Blickpunkt Hessen, S. 16. 2 Ebd.

3 Schüller 1, S. 26. Laut Böttger, S. 5, Fn. 14, gab es vier Phasen der Kämpfe von Frauen um ihr Recht: Louise Otto-Peters und die Revolution 1848; die erste bürgerliche und proletarische Frauenbewegung am Ende des 19. Jahrhunderts bis zur staatsbürgerlichen Gleichberechtigung 1918; die kurze Phase der Frauenausschüsse beim Wiederaufbau im Nachkriegsdeutschland 1945 bis zum Kampf um Art. 3.2 GG, und schließlich die zweite „Neue" Frauenbewegung der 70er und 80er Jahre.

4 Vgl. Schüller 1, S. 27. 5 Vgl. Gille-Linne, Sammelband, S. 32.

lichen Frauenverbänden erreichten den PR vor der entscheidenden 2. Lesung im Hauptausschuss über den Antrag der SPD zur Gleichberechtigung am 18. Januar 1949. Darunter waren der „Frauenring“ der britischen Zone, das „Frauenparlament Baden-Württemberg“, der „Frauenverband Hessen“, aber auch das Frauensekretariat des „Freien Gewerkschaftsbundes Hessen“ und der Frauenausschuss der „IG Metall“ für die britische Zone und das Land Bremen, welcher 40.000 Metallarbeiterinnen vertrat. Auch erschienen Artikel in Zeitungen und Zeitschriften zum Thema.

- In der 2. Lesung des Hauptausschusses am 18. Januar 1949 sprach Elisabeth Selbert von „Waschkörben voller Eingaben“.[1] Sie bezog sich auf mehrere Frauenverbände und dankte der „großen Zahl“ von Unterstützerinnen.[2] Auch Helene Weber, ihre PR-Kollegin von der CDU, sprach von „einem großen Sturm aus den verschiedensten Gruppen.“[3]

Das Resultat: In der Sitzung des Hauptausschusses am 18. Januar 1949 wurde der Abänderungsantrag der SPD-Fraktion in 2. Lesung einstimmig angenommen.

Vertreter anderer Parteien im PR hatten den Protest der Frauen heruntergespielt, so z.B. der FDP-Politiker Theodor Heuss, späterer Bundespräsident:

„Ich möchte draußen nicht unwidersprochen den Eindruck entstehen lassen, dass jetzt dieses Quasi-Stürmlein uns irgendwie beeindruckt und uns zu einer Sinneswandlung veranlasst hat. Denn unser Sinn war von Anfang an so, wie sich die aufgeregten Leute draußen das gewünscht haben.“[4]

EIN RÜCKBLICK: ELISABETH SELBERTS VERHÄLTNIS ZUR FRAUENBEWEGUNG

Elisabeth Selbert hatte es nun also geschafft: Die Gleichberechtigung von Frau und Mann war unmittelbar geltendes Verfas-

1 Vgl. Schüller 1, S. 26. 2 Vgl. Gille-Linne, Sammelband, S. 29. 3 Ebd.

4 Dertinger, Blickpunkt Hessen, S. 17.

sungsrecht. Entgegenstehendes Recht war – nach Verstreichen einer Galgenfrist bis 31. März 1953 – verfassungswidrig. Wie aber war ihr dieser Husarenstreich in nur sechs Wochen gelungen? Sie war SPD-Politikerin, Mitglied im zentralen Frauenausschuss der Partei ab 1947, aber keine „Frauenrechtlerin“[1]; die Frauenbewegung in Gestalt von Frauenverbänden, Gewerkschaften und Politikerinnen war zerstritten. Elisabeth Selbert und ihre Unterstützerin, die SPD-Frauensekretärin Herta Gotthelf, waren überzeugte Vertreterinnen einer Parteiendemokratie, keine „grassroots“-Verfechterinnen. Sie befürworteten Parteien, die durch Wahlen und demokratische Verfahren legitimiert waren und akzeptierten nicht, dass Frauen in den Frauenausschüssen sich selbst zu Interessenvertreterinnen anderer Frauen ernannten, ohne sich der demokratischen Wahl zu stellen. Die beiden Parteipolitikerinnen distanzierten sich von den „unpolitischen Frauenbünden, Frauenklubs und Hausfrauenverbänden“[2], insbesondere von dem oft verharmlosenden Umgang der überparteilichen Frauenorganisationen mit der NS-Vergangenheit.[3] Die Parteimaxime lautete daher: „An der Seite des Mannes ist der Platz der Frau.“[4]

Elisabeth Selbert stand also zwischen Baum und Borke: Einer SPD, die das Gleichberechtigungsgebot nach der Ablehnung des Abänderungsantrags der SPD im Hauptausschuss am 03.12.1948 aufgegeben hatte und einer Frauenbewegung, der sie nicht traute („Ich bin Jurist und unpathetisch und ich bin Frau und Mutter und zu frauenrechtlerischen Dingen gar nicht geeignet.“[5] Mit „Frauenrechtlerin“ meinte sie die „Suffragetten“[6]).

1 Ebd., S. 12f., dies., Sammelband, S. 29, Böttger, S. 7, Gille-Linne, Sammelband, S. 29, 33.

2 Vgl. Schüller 1, S. 26. 3 So Gille-Linne, Sammelband, S. 30. 4 Vgl. Schüller 1, S. 26.

5 Vgl. Böttger, S. 7. 6 Ebd.

In dieser Situation änderte Elisabeth Selbert ihre politische Taktik[1]: Sie entschied sich dafür, eine politische Kampagne zu starten und mit den Frauenverbänden zu kooperieren, obwohl sie damit von ihrer proklamierten Einstellung abwich und sogar einem entsprechenden Verbot der Partei zuwider handelte[2]. Die Rechnung ging auf. Elisabeth Selbert sagte später: „Die Frauenverbände haben damals im Rat wunderbar mitgezogen".[3]

Gleichzeitig agierte sie parteipolitisch und rhetorisch geschickt und verstand es, der CDU die Abstimmungsniederlage im Hauptausschuss am 03.12.1948 in die Schuhe zu schieben:

"Ich kam ins Fraktionsbüro und sagte: ‚Das ist ja großartig, was ich jetzt erlebt habe: Unser Antrag ist abgelehnt worden. Einen größeren Dienst hätten uns die bürgerlichen Frauen gar nicht leisten können!'"[4]

Denn diese Ablehnung ermöglichte es ihr, sich öffentlichkeitswirksam gegen die CDU zu positionieren und den Begriff der Gleichberechtigung medienwirksam mit der SPD zu verbinden.[5]

Schließlich bediente sich Elisabeth Selbert eines Mittels, das in der Politik nicht unbekannt ist: Um ihr Ziel zu erreichen, übertrieb sie und bog die Wirklichkeit so zurecht, dass man den Eindruck gewinnen musste, als stünde ein Großteil der weiblichen Bevölkerung der Westzonen hinter dem Abänderungsantrag der SPD. Hier eine Kostprobe:

„Es war geradezu begeisternd und erschütternd, wie die Proteste aus dem gesamten Bundesgebiet, und zwar Einzelproteste und Verbandsproteste in großen Bergen in die Beratungen des Parlamentarischen Rates hineingeschüttet wurden."[6]

1 Wahrscheinlich ging Elisabeth Selbert in ihren bisherigen taktischen Manövern so weit, dass sie sich „[...] verbal von den ‚Suffragetten' distanzierte, um die Sozialdemokratische Partei für ihre tiefgreifenden Rechtsveränderungen zu gewinnen, [sie] hielt [...] sich [aber] tatsächlich nicht an diesen Ukas, sondern arbeitete ihr ganzes Leben lang ganz bewusst mit Frauen aus der Frauenbewegung zusammen, ohne die sie ihre politischen Ziele auch gar nicht hätte durchsetzen können", Böttger, S. 7f.

2 Ebd., S. 7. 3 Schüller 1, S. 26. 4 Gille-Linne, Sammelband, S. 34.

5 Ebd., vgl. auch Dertinger, Blickpunkt Hessen, S. 17. 6 Schüller 1, S. 26f.

Neuere Forschungen haben indes ergeben, dass die tatsächliche Zahl von Eingaben an den PR vor der entscheidenden Sitzung des Hauptausschusses am 18. Januar 1949 höchstwahrscheinlich im unteren zweistelligen Bereich bei etwa 20 lag.[1] Das Mittel war trotz aller anschließenden Verharmlosungen ihrer PR-Kollegen („Quasi-Stürmlein“) offenbar wirksam gewesen.

DIE SCHLACHT GEWONNEN, DEN KRIEG VERLOREN – ELISABETH SELBERT ERRANG WEDER AMT NOCH MANDAT[2]

Elisabeth Selbert errang in der Folgezeit kein Bundestagsmandat. Sie war zwar einmal (1949) Kandidatin für ein Bundestagsmandat, unterstützt von Herta Gotthelf aus der Parteizentrale, die ihren Wahlkampf organisierte. Dabei war sie so populär, dass ein zentrales Werbeflugblatt über sie und ihre Arbeit im PR verbreitet wurde. Elisabeth Selbert war im Wahlkampf eine prominente und gefragte Rednerin, die vor allem für die Werbung von Wählerinnen in vielen Städten auch außerhalb Hessens eingesetzt wurde und sich als Juristin und zugleich Kandidatin für die Bundestagswahl empfahl. Sie machte auch die Rückendeckung von Kandidatinnen durch den Parteivorstand deutlich.[3] Schließlich gewann sie das Bundestagsmandat aber nicht, **da sie keinen sicheren Wahlkreis bekommen hatte**. Mächtige Männer (auch Juristen) standen in direkter Konkurrenz um die sicheren Wahlkreise. Auf der hessischen Landesliste wurde sie zwar auf Platz zwei gesetzt, hatte aber dann für ein Bundestagsmandat 200 Stimmen zu wenig.

Die anderen „Mütter“ des Grundgesetzes zogen an ihr vorbei: Helene Weber, CDU, gehörte ab 1949 dem Bundestag an

1 Vgl. Gille-Linne, Sammelband, S. 31f., Dertinger, Blickpunkt Hessen, S. 16f.

2 Vgl. hierzu Gille-Linne, Sammelband, S. 35, und Elke Schüller, „Die anderen drei Mütter der Verfassung: Frieda Nadig, Helene Wessel, Helene Weber“, in: „Ariadne – Almanach des Archivs der deutschen Frauenbewegung, Den Frauen ihr Recht – Zum 100. Geburtstag von Elisabeth Selbert“, Heft 30, September 1996, S. 22f. [zit.: Schüller 2].

3 Vgl. Gille-Linne, Sammelband, S. 34f.

und konnte im Gegensatz zu Elisabeth Selbert die Frauenpolitik in der Bundesrepublik gestalten. Ihre SPD-Kollegin Frieda Nadig zog ebenfalls 1949 in den Bundestag ein und behielt ihr Mandat drei Legislaturperioden lang. Auch sie engagierte sich dort für die Durchsetzung der Gleichberechtigung im Ehe- und Familienrecht. Die Dritte „im Bunde", Helene Wessel, war ab 1949 auch Bundestagsabgeordnete und vertrat die Themen Außen-, Sicherheits- und Deutschlandpolitik; sie schloss sich nach der Auflösung des Zentrums später der SPD an und war für diese von 1957 bis 1969 im Bundestag.[1]

Auch ihre Hoffnung, Richterin am Bundesverfassungsgericht zu werden, zerschlug sich. SPD-MdB Dr. Adolf Arndt übermittelte ihr die Absage am 07.09.1951.[2]

Schließlich blieb ihr der Wunsch, Bundesjustizministerin zu werden, verwehrt[3] (die erste Bundesjustizministerin war Sabine Leutheusser-Schnarrenberger, FDP, 1992–1996).

Der Grund für diese Demütigung einer herausragenden Persönlichkeit liegt auf der Hand: Elisabeth Selbert fehlte die Unterstützung der hessischen SPD:

„Sie war hochkompetent, dazu scharfsinnig, oft auch scharfzüngig. Ihre Überzeugungen vertrat sie ohne Wenn und Aber. Dabei argumentierte sie sachlich, zielorientiert und schnörkellos. Ein begleitendes verbindliches Lächeln aufzusetzen, kam ihr nicht in den Sinn."[4]

Mit anderen Worten: Elisabeth Selbert war als kompetente und selbstbewusste Frauen- und Machtpolitikerin in ihrer Partei unbeliebt. Sie war vielen – Männern und Frauen – „zu profiliert"[5]. „Starke Frauen liebt man nicht"[6], sondern, frei nach Lierre Keith von Womens Liberation Front, USA, man „tötet" sie. Da spielten ihre hohen Verdienste um die „Sache" keine Rolle.

1 Vgl. Schüller 2, S. 22f. 2 Peschel-Gutzeit, Sammelband, S. 125. 3 Dertinger, Sammelband, S. 25.
4 Ebd. 5 Drummer, Sammelband, S. 146. 6 Dertinger, Sammelband, S. 25.

PATRIARCHALE GESCHLECHTSROLLENSTEREOTYPE HABEN EBEN EINE LANGE LEBENSDAUER

Elisabeth Selbert trat 1958 den Rückzug aus allen politischen Ämtern an und zog sich in Ihren Beruf als Rechtsanwältin und in ihr Privatleben zurück.

Die große Ehe- und Familienrechtsform in den 1970er Jahren im Deutschen Bundestag als direkter Ausfluss von Art. 3 Abs. (2) GG bewerkstelligten andere. Nicht einmal ihre Doktorarbeit über Ehezerrüttung wurde gewürdigt.[1] Die mangelnde Gleichberechtigung im Erwerbsleben, in Politik und Kultur hielt sie für einen „Verfassungsbruch in Permanenz."[2]

Elisabeth Selbert erfuhr Anerkennung durch die Stadt Kassel (Ehrenbürgerschaft seit 1984) und das Bundesland Hessen (Großes Bundesverdienstkreuz 1956) und erst sehr späte Anerkennung 1986 kurz nach ihrem Tod durch Willy Brandt, dem damaligen SPD-Vorsitzenden:

„Die Partei schöpft das vorhandene Potential nie ganz aus. Bei den Frauen wahrscheinlich noch weniger. Elisabeth Selbert ist ein Beispiel dafür. […] Die SPD hat ihr viel zu verdanken."[3]

Die zweite Deutsche Frauenbewegung erinnerte sich an Elisabeth Selbert auch erst in den 1980er Jahren. Mittlerweile wurden Straßen, Plätze und Schulen nach ihr benannt. Den Elisabeth-Selbert-Preis des Landes Hessen als Auszeichnung für Wissenschaftlerinnen, die im Kampf um die Gleichberechtigung Verdienste errungen haben, gibt es seit 1983.[4]

Elisabeth Selberts Erbe hingegen ist das garantierte Recht auf Gleichberechtigung im GG und – es ist von Dauer. Sie verdient dafür höchste Anerkennung! **Ich verneige mich vor ihr.**

1 Dertinger, Blickpunkt Hessen, S. 20. 2 Böttger, S. 8.

3 Ebd., Interview von Sybille Plogstedt mit Willy Brandt, Vorwärts, 14.06.1986.

4 Dertinger, Sammelband, S. 1. Eine der Preisträgerinnen ist z.B. Vera Slupik mit ihrer Dissertation „Die Entscheidung des Grundgesetzes für Parität im Geschlechterverhältnis. Zur Bedeutung von Art. 3 Abs. 2 und 3 GG in Recht und Wirklichkeit", Schriften zum Öffentlichen Recht, Band 543, Verlag Duncker & Humblot, Berlin 1988.

Poetry Slam von Monica Calla

Poetry Slam GG Art. 3, Abs. 2

ich stehe für jede frau
um die es im grundgesetz geht
für die in artikel 3 absatz 2 eindeutig steht:
männer und frauen sind gleichberechtigt
denn das recht kennt durchaus das geschlecht

ich stehe für die frau, die diesen satz entwarf
so klug und scharf
und so pointiert. elisabeth selbert
die man kennt im parlament
und deren namen man
wie den vieler frauen
in den parlamenten nicht nennt

ich stehe für jede frau
die nie kapituliert hat
vor dem patriarchat
in keinem staat
mit dem verrat an frauen

wo sie frauenrechte missachten
frauen schlachten
frauen verachten
und nach dem leben trachten

ich stehe für die frauen in afghanistan
in pakistan
im iran…
frau! leben! freiheit!
ist nicht nur ein spruch
es ist eine losung, die kein tuch
der welt verstecken kann
keine scharia und kein mann
der frauen besitzen und unterdrücken will

denn die frauen, in deren haut
und seele und herz
der schmerz
aller frauen
aus tausenden jahren
eingeritzt ist, die immer laut
waren und niemals still

deren körper
man verletzt
hat und besetzt
doch deren willen man
nicht brechen kann
und ihren hunger nicht stillen

stehen gemeinsam
für einen ort
an dem gleichberechtigung
nicht nur ein wort
sondern ein meer, ein land, eine erde
an dem gleiches recht
und freiheit
für jede frau
für die ich hier stehe
und nicht aus dem licht
der sichtbarkeit gehe
endlich wirklichkeit werde!

(vorgetragen von Brigitte, Bianca, Yvonne und Katharina)

Rede von Monika Mengel

Streifzug durch die Frauengeschichte

Wir stehen alle auf den Schultern unserer Schwestern und Mütter. Manchmal ziemlich wackelig und unsicher, dann wieder voller Power. Wir haben viel vergessen, aber instinktiv erinnern wir uns. Denn, was Frauen erlebt und erlitten haben, steckt uns gewissermaßen im Blut. Oder in den Genen. Wie Ihr wollt. Auch das macht uns als Frauen aus. Tina Turner und Etta James haben gesungen: „Only women bleed“. Nur Frauen bluten. Und das nicht nur im wörtlichen Sinn. „Filia irata“ – das heißt zornige Tochter. Ja, wir haben allen Grund wütend zu sein. Eines der irrsten Gesetze der Neuzeit, das sogenannte Selbstbestimmungsgesetz, ist verabschiedet worden. Außerdem werden unsere Frauengeschichte, unsere Lesbengeschichte und unsere Gegenwart – alles wird bis zur Unkenntlichkeit verramscht. Es wird geklaut, geleugnet, klein gemacht, umgedeutet, ausgebeutet. Das ist kulturelle Aneignung. Und viele stehen dabei – auch Feministinnen – und finden das gut. Wir werden als rechts, als rassistisch und als TERF gebrandmarkt. Männer wollen mal wieder definieren, was eine Frau ist. Das heißt, wer uns einen Namen zuweist, will die Deutungshoheit, also Macht. Cis, Terf, Hure, Heilige, Hexe, Femme fatale, Femme fragile, Mannweib, Tribade, krank, hysterisch und der ganze Quark. – Ich mach's kurz: Ich nehme keinen dieser Namen an. Ich bin eine Frau und ich bin eine Lesbe. Kein weiterer Gesprächsbedarf.

Nach all den falschen und fiesen Bezeichnungen für Frauenliebende-Frauen in der Geschichte, wurde „Lesbe" in den 1970er Jahren zum Kampfbegriff. Lesben sind autonom in jeder Beziehung. Wir brauchen keine Männer. Deshalb sind wir auch heute wieder so gefährlich. Deshalb werden wir angefeindet. Genau wie jene heterosexuellen Mitstreiterinnen, die sich auch nicht alles gefallen lassen. Wenn heute junge Mädchen sagen: ich bin eine Lesbe und damit basta, ist das gefährlich. Denn das erste Gebot der Queer-Community ist: Du sollst mit Männern kooperieren und zwar mit Männern in allen Variationen. Wenn sich Trans als Lesbe bezeichnet und mit der jungen Lesbe ins Bett will, hat die junge Lesbe ein Problem. Schmeißt sie den Kerl raus, ist sie transphob.

Wir lassen uns nicht einlullen vom Geschwätz der schönen, neuen Welt der Vielfalt und des Fortschritts. Denn diese schöne, neue Welt ist nicht vielfältig und die ist auch nicht fortschrittlich. Denn, ob eine revolutionäre Bewegung überhaupt fortschrittlich ist, ob sie wirklich Freiheit und Toleranz will, erweist sich erst im Umgang mit ihren Kritikerinnen. Auch mit Kritik aus den eigenen Reihen. Da haben wir Frauen aktuell ganz schlechte Erfahrungen gemacht. Der Frauenhass, der uns entgegen schlägt, ist massiv. Und durch nichts gerechtfertigt. Selbst Transsexuellen, die sich kritisch mit der Queer-Lobby auseinandersetzen, geht es nicht besser als uns Frauen. Wie frei war die Debatte zum Selbstbestimmungsgesetz? Gab es überhaupt eine Debatte? Die Medien haben sich weggeduckt oder haben sich „überreden" lassen. Was wir in den vergangenen Jahren bis zur Verabschiedung im Bundestag erlebt haben war für mich ein Lehrstück in Manipulation, Desinformation, Intoleranz und Stumm-Schalten. Eine perfekt inszenierte Kampagne. Und über allem schwebt das bunte Regenbogenmäntelchen. Andere Farben, andere Statements, andere Flyer und Plakate sind tabu. Ich fühle mich nicht als Teil der queeren Community. Ich bin lesbisch und Feministin – und das ist auch gut so.

75 Jahre Grundgesetz und mir wird angst und bange. Geschichte wiederholt sich doch. Wie sagte schon Hedwig Dohm vor mehr als 100 Jahren:

„Mehr Mut Ihr Frauen!"

Der Diebstahl unserer Frauengeschichte treibt seltsame Blüten. Amazonen, Suffragetten, Jeanne d´ Arc, Elisabeth I. sollen trans gewesen sein. – Meine Band, die „Flying Lesbians", wurde schon als „Meilenstein der queeren Musikgeschichte" bezeichnet. Geht's noch?? Wir waren lesbisch und nicht queer, sonst hätten wir uns Flying Queers genannt. Und das klingt richtig scheiße.

Selbst in wissenschaftlichen Publikationen kriegen Lesben Sterne verpasst. „Lesbische* Lebenswelten" heißt die Arbeit einer Historikerin. Lesben mit Stern. Auf meine Frage, wen sie denn damit meine, antwortete sie: Sie wolle den vielen Lesben aus der Geschichte, die sich vor 100 Jahren vielleicht noch nicht Lesben nannten, gerecht werden. Das klingt ziemlich konstruiert. Aber das Sternchen passt doch zu gut ins ideologische Konzept der neuen, deutschen Sprach-Be„herr"schung. Wir wollen doch nicht, dass sich Kerle mit Penis wissenschaftlich irgendwie vernachlässigt fühlen.

Das Selbstbestimmungsgesetz ist durch. Im grün, gelb, roten Selbstbedienungsladen wird die Packung mit dem Inhalt „Frau" aus dem Sortiment gekippt. Mann steht jetzt als Frau im Regal. Trotz der bunten Schleifchen eine schon reichlich angegammelte „Mogel"-Packung. Mit diesem Gesetz hat Lisa Paus, nach meinem Gefühl – vor allem mit ihrem Mantra „Transfrauen sind Frauen" – ihren ganzen verinnerlichten Frauenhass rausgehauen. Oder war es nur ganz banal ein politischer Kuhhandel mit der Lobby? Das recherchiert jedenfalls kein investigatives, „gemeinwohlorientiertes" Medienhaus. Jedenfalls geht Ministerin Paus damit in die Geschichte ein. Als frauenfeindlichste Frauenministerin aller Zeiten. – Wahrscheinlich ist es ihr egal. Die Pension ist ja sicher.

Wohlgemerkt: es geht mir nicht um die paar Transsexuellen, die unter Geschlechtsdysphorie leiden. Ich empöre mich, weil die Kampagne der Transaktivisten immer dreister wird. Nie hätte ich gedacht, dass das Pendel einmal dermaßen – wie ich meine – nach **r e c h t s** ausschlagen würde. Dieser Backlash, der sich Fortschritt nennt, ist jedenfalls nicht links. Er ist reaktionär. Es hat mich kalt erwischt. Meine Welt wurde mir wie ein Teppich unter den Füßen weggezogen. Ich hätte es wissen müssen. Frauen haben kein Vaterland. Ilse Frapan hat das gesagt. Vor 120 Jahren. Sie war Radikalfeministin. Wir haben kein Vaterland und keine Geschichte. Unsere Geschichte ist jetzt „queere Geschichte". Alles unter einer Flagge. Aktivisten bemächtigen sich unserer Sprache, unserer Politik, unserer Kultur, unserer feministischen Netzwerke. Was nicht gefällt, wandert in den Giftschrank, anderes wird einfach weggeschmissen. Genau wie in George Orwells „1984" wird die Wahrheit verdreht. Der Raubzug durch unsere Geschichte geht weiter. Wohin sollen wir unseren Nachlass bringen? Welches Archiv wird demnächst unsere Schätze hüten? Schon jetzt knicken Lesben- und Frauenarchive ein. Ein Sternchen hier, eins dort. Frauen beschleichen die gleichen Ängste wie 1933. Die Nazis hatten Listen unliebsamer Regimegegnerinnen. Viele Frauenvereine schlossen sich dem neuen Regime freiwillig an. Andere Gruppierungen lösten sich auf, um nicht einkassiert zu werden. Viele Aktivistinnen flohen ins Exil. Frauen wurden ermordet. Unter den jüdischen Opfern viele Frauenrechtlerinnen.

Ich bin Journalistin. Als ich Anfang der 70er Jahre an der FU Berlin Geschichte studierte, gab es nichts über Frauen. Aber ganz lustige Stories. Zum Beispiel über die Amazonen. Der Prof. aus der Abteilung Alte Geschichte erzählte, die Amazonen hätten sich eine Brust ausgebrannt, um ihren Bogen besser spannen zu können. Das ist natürlich Quatsch. Ich habe es ausprobiert. Eine weiche, weibliche Brust stört noch weniger beim Bogenschießen, als ein fetter Schmerbauch. Und den brennen sich die Kerle ja auch nicht weg.

Mir fällt ein Zitat von Christine de Pizan ein. Die Autorin des Buches „Stadt der Frauen“ schrieb vor 600 Jahren:

„Im gleichen Maße, wie der Körper einer Frau weicher ist als der des Mannes, ist der weibliche Verstand schärfer.“

Wir stehen auf den Schultern unserer Schwestern. Ohne feministische Historikerinnen gäbe es keine Frauen-Geschichtsforschung. In den 90ern wurde daraus ruck, zuck die Genderforschung. Also wieder alles m i t dem Mann. Wie ein kleiner, knatschiger Bruder hängt er uns am Rockzipfel. Wie heißt es so schön: „Wenn Du fliegen willst, musst Du erst den Mist loswerden, der Dich runterzieht.“ Also Schwestern, lasst uns fliegen!

Als Studentinnen haben wir in den 70ern jedes Seminar gestürmt, jede Vorlesung. „Hey, wo sind die Frauen? Was wollten sie?“ Wir wussten längst mehr als die Profs, die übrigens alles Männer waren. Wir hatten die Archive und privaten Antiquariate in Berlin und anderen Städten durchkämmt. Wir entdeckten in staubigen Regalen, was die Nazis bei der Bücherverbrennung 1933 übersehen hatten. Und was glücklicherweise von Menschen versteckt worden war. Es war, als würden wir Frauen einen neuen Planeten betreten. Unseren Planeten. Das ganze verschüttete Wissen: Frauen in der Frühgeschichte, zur Zeit der Hexenverfolgung, französische Revolution, die Frauen der 1848er Revolution, Piratinnen, Frauenzünfte, Mädchenbildung, Frauenstudium, Arbeiterinnen, Ärztinnen, erste Frauenbewegung, Lesben, Suffragetten, das Wahlrecht, Friedenskonferenz

Den Haag, Frauen in der Weimarer Republik, Partisaninnen im spanischen Bürgerkrieg, Frauen in der NS-Zeit, Frauen im Widerstand. Opfer und ja: auch die Täterinnen. Frauengeschichte ist ja kein Wunderland. Zu allen Zeiten gab und gibt es auch die Frau als Kriegsgewinnlerin, Mitläuferin, Verräterin.

Verrat. Den Frauen, die um 1600 als sogenannte Hexen verfolgt wurden, kann ich keinen Vorwurf machen. Sie wurden so lange mit glühenden Eisen gequält, bis sie die Namen anderer Frauen verrieten. Die „heilige" Inquisition – nichts anderes als ein groß angelegter Femizid. Ein gut geschmiertes Räderwerk. Eine Geldmaschine. Der Besitz der Frauen fiel in die Hände von Kirche und Staat. Nur ein Beispiel: am 16. Juli 1629 wird Anna Matzet aus Mergentheim in Franken verhört. Sie weiß, sie hat keine Chance, aber sie kämpft wie eine Löwin, haut sogar wütend mit der Faust auf den Tisch. Unter der Folter schließlich dreht sie den Spieß um und beschuldigt ihre Peiniger der Hexerei. Dem Schöffen Schneider schreit sie ins Gesicht: „Denk mal an Deine eigene Frau, die ihr als Hexe verbrannt habt".

Die Französische Revolution. Sie gilt ja als Wiege der Demokratie. Freiheit, Gleichheit, Brüderlichkeit. Brüder waren nicht alle: ausgenommen waren Juden, Schwarze, das Proletariat und die Frauen. Nur die weißen Reichen sollten sich verbrüdern. Für Olympe de Gouges ein Skandal. Sie schrieb ihre *„Erklärung der Rechte der Frau und Bürgerin"*. Ein kluges, grandioses Werk. Gleiche Rechte für Frauen. Überall. Leider wurde ihr die Widmung an Königin Marie Antoinette zum Verhängnis. Der Vorwurf: De Gouges sei eine reaktionäre Royalistin. So wie es heute heißt, wir wären alle rechtsradikal und von Rechten finanziert. Killerphrasen – damals wie heute. Dank der feministischen Geschichtsforschung ist Olympe de Gouges nicht vergessen. Trotzig rief sie:

„Die Frau hat das Recht auf ein Schafott zu steigen, sie muss auch das Recht haben, auf eine Rednertribüne zu steigen."

Sie starb am 3. November 1793 unter der Guillotine. Nur einer von unzähligen Morden der „revolutionären" Genossen. Alles im Namen des Fortschritts.
Fortschritt. Mir drängt sich ein Vergleich mit heute auf. Die Operationen, die lebenslangen Hormone. Experimente. In 50 Jahren werden sie wieder sagen: davon habe ich nichts gewusst. So wie die massenweise Genital-Verstümmlung von Frauen Ende des 19.Jahrhunderts vergessen ist. Die Mediziner hatten den Uterus entdeckt. Natürlich gibt es lebensbedrohliche Unterleibserkrankungen. Damals aber wurde eine neue „Frauenkrankheit" kreiert. Die Hysterie. Um sie davon zu „heilen", wurde tausenden Frauen die Gebärmutter entfernt. In Psychiatrien und Armenhäusern wurden sie mit Elektroschocks und kalten Bädern gequält. Widerstand, Schreie und Wutausbrüche sah man als Beweis für die Hysterie an. Ein Teufelskreis aus dem es kein Entkommen gab. Die US-amerikanische Psychotherapeutin Phyllis Chesler hat in ihrem Buch „Frauen – das verrückte Geschlecht" über die Zwangsmaßnahmen berichtet und darüber wie Frauen krank gemacht „werden". Medizin im Namen des Fortschritts. Damals wie heute. Übrigens: von einer männlichen Hysterie mit massenweisen Kastrationen, zur Vorbeugung von Gewaltexzessen ist mir nichts bekannt. Ein Mann lässt sich nicht beschneiden. Weder in seinen Rechten noch untenrum. Frauen aber sind wehrlos – weil sie rechtlos sind.

Genitalverstümmlung ist das grausamste Verbrechen an kleinen Mädchen. Es existiert nach wie vor. Auch Transitionen sind nicht immer freiwillig. In Asien boomt das Geschäft. Allein in Bangkok gibt es 20 Kliniken mit je 200 Operationen jährlich. Nicht wenige junge Menschen landen als Ladyboys in der Prostitution. Das Internet ist voll mit Angeboten dieser Art. Frei zugänglich. Das ist die schwarze Seite der bunten Vielfalt.

Wir können davon ausgehen, dass Elisabeth Selbert viele Beispiele aus der Frauengeschichte kannte. Nicht zuletzt, weil Anita

Augspurg, eine radikale Aktivistin aus der ersten Frauenbewegung und ebenfalls Juristin wie Selbert, schon Jahre zuvor betont hatte:

„Die Frauenfrage ist in allererster Linie eine Rechtsfrage.“

Elisabeth Selbert hat sich nicht als Feministin bezeichnet, aber sie war eine sehr erfolgreiche Kämpferin für Frauenrechte.

Was würde sie zum SBGG sagen? Dieses woke Dingsda ist doch nichts anderes als ein Frontalangriff auf den von ihr durchgesetzten Artikel 3, Abs. 2 des Grundgesetzes. Noch heißt es da: „Männer und Frauen sind gleichberechtigt.“ Sollen jetzt in letzter Konsequenz alle erdenklichen, gefühlten Geschlechter ins Grundgesetz? Wird es dann irgendwann heißen: „Männer und alle anderen Geschlechter sind gleichberechtigt“? – Niemals! Dies ist eine Demokratie und kein Wunschkonzert.

DIE FREIHEIT DER FRAUEN IST EIN IMMERWÄHRENDER KAMPF

Das Patriarchat zieht alle Register, um Frauen zu behindern.

Zu spät haben wir erkannt, dass Männer im Patriarchat wirklich alles dürfen: sogar Frauen werden. Jedenfalls das, was sie dafür halten. Die Geschichte lehrt uns, dass wir nichts geschenkt bekommen. Freiwillig gibt kein Kerl etwas her. Ich habe das Gefühl, dass wir dringend Unterstützung brauchen. Ich rufe daher die Schwestern von gestern. Vielleicht können sie ja zaubern:

Sappho, Christine de Pizan, Artemisia Gentileschi, Olympe de Gouges, Emma Herwegh, Amalie Struve, Louise Otto-Peters, Camille Claudel, Hedwig Dohm, Emily, Christabel und Sylvia Pankhurst, Helene von Druskowitz, Minna Cauer, Valerie Solanas, Phoolan Devi, Naval El Saadawi, Verena Stefan, Maggie Töpfer.

Ihr wisst ja, brave Mädchen kommen in den „Gender“-Himmel – alle anderen aber kommen überall hin.

In diesem Sinne – lasst uns aufbrechen!

Rede von A. P. Schulz

Frauen gibt es erst seit etwas mehr als 1.000 Jahren

„Seit Anbeginn der Menschheit wurden Menschen schwanger. Frauen gibt es erst seit etwas mehr als 1.000 Jahren." (Philippe Wampfler auf Twitter, 27.06.2023). Dieser Post überraschte mich. Autor dieser für mich erstaunlichen Aussage war nach eigenen Angaben „Lehrer, Dozent für Fachdidaktik Deutsch". Also habe ich ein wenig nachgeforscht:

Das „Etymologische Wörterbuch des Deutschen"[1] verrät mir, dass „Frau" 'erwachsener weiblicher Mensch' bedeutet, auch „Ehefrau' meinen kann und auch als Anrede Verwendung findet (dabei erst neuerdings nicht mehr auf Verheiratete beschränkt ist. Wir erinnern uns, es gab lange Zeit die Form „Fräulein" für Unverheiratete). Weiterhin lerne ich, dass das Wort sich von dem althochdeutschen (ahd.) frouwa 'Herrin' ableitet, ein Wort aus dem 9. Jahrhundert, es im Mittelhochdeutschen (mhd.) Variationen gab und es außerdem einen Zusammenhang mit der nordischen Göttin Freyja gibt. Freyja[2] gilt als die Göttin der Fruchtbarkeit und des Frühlings, des Glücks, der Liebe und der Ehe, sowie als Lehrerin eines Zaubers (seiðr), einer Magie, die es

1 www.dwds.de/wb/etymwb/Frau (04.01.2025)

2 de.wikipedia.org/wiki/Freya, germanische-goetter.de/freya/ (04.01.2025)

erlaubt, in die Zukunft zu sehen und diese zu beeinflussen. (Anmerkung: Drachenrose wies darauf hin, dass sie Göttin der freien Liebe war, und ein weiterer Aspekt Freyjas auch ihre Rolle als Kriegsgöttin war.)

In der mittelalterlichen Gesellschaftsordnung ist ahd. Frouwa von mhd. vrouwe eine Standesbezeichnung und die Anrede für die verheiratete Edeldame, der Vorsteherin des Hauswesens. Demgegenüber steht mittelhochdeutsch das Wort wN̦p (s. Weib) als Geschlechtsbezeichnung. Weib wird aber mit dem Aufkommen der bürgerlichen Literatur allmählich von Frau verdrängt. Jedoch erst im 18. Jh. wird durch die Emanzipation des Bürgertums Frau als Begriff allgemein benutzt und beginnt zu Anfang des 19. Jhs. Madame in der Anrede für Bürgerfrauen abzulösen.

Warum dieser Exkurs in die Etymologie, die Wissenschaft, die sich mit der Herkunft, Geschichte und Bedeutung der Wörter befasst?

Wir haben es heute schon mehrfach gehört: Es geht um Artikel 3 des Grundgesetzes: Gleichheit vor dem Gesetz

1. Alle Menschen sind vor dem Gesetz gleich.
2. Männer und Frauen sind gleichberechtigt. [Der Staat fördert die tatsächliche Durchsetzung der Gleichberechtigung von Frauen und Männern und wirkt auf die Beseitigung bestehender Nachteile hin.]
3. Niemand darf wegen seines Geschlechtes, seiner Abstammung, seiner Rasse, seiner Sprache, seiner Heimat und Herkunft, seines Glaubens, seiner religiösen oder politischen Anschauungen benachteiligt oder bevorzugt werden. Niemand darf wegen seiner Behinderung benachteiligt werden.

„Männer und Frauen sind gleichberechtigt." Wir können vermuten, dass Elisabeth Selbert genau wie die vielen anderen Frauen, die sich für die Aufnahme dieser Formulierung in das Grundgesetz einsetzten, davon ausging, dass mit diesem ebenso schlichten wie genialen Satz alles Wichtige ausgesagt ist. Zum Vergleich: In Paragraf 109 der Verfassung der Weimarer Republik hieß es: „Männer und Frauen haben grundsätzlich die gleichen staatsbürgerlichen Rechte und Pflichten."[1] Im Vergleich zur Version von Elisabeth Selbert werden hier Ausnahmen ausdrücklich zugelassen. Schon dieser Satz war – mit der Einführung des Wahlrechts – ein ungeheurer Fortschritt, den sich Frauen hart erkämpft hatten. Auch die Verfassung der DDR hatte eine ähnliche Formulierung, „Mann und Frau sind gleichberechtigt. Alle Gesetze und Bestimmungen, die der Gleichberechtigung der Frau entgegenstehen, sind aufgehoben." So stand es in Artikel 7 der Verfassung der DDR, die am 7. Oktober 1949 in Kraft trat. Mit der Ergänzung „Alle Gesetze und Bestimmungen, die der Gleichberechtigung der Frau entgegen stehen, sind aufgehoben."[2] ging die Version der DDR über die ursprüngliche Formulierung des Grundgesetzes hinaus. Die Erweiterung von Artikel 3 Absatz 2, „Der Staat fördert die tatsächliche Durchsetzung der Gleichberechtigung von Frauen und Männern und wirkt auf die Beseitigung bestehender Nachteile hin." wurde erst nach der Wiedervereinigung, 1994[3], ergänzt. Auch diese Ergänzung feiert somit in diesem Jahr einen runden Geburtstag: Den Dreißigsten.

Allen Versionen ist aber gleich: Sie reden von Männern und Frauen, von Frau und Mann.

Wir erinnern uns: „Frau" löste erst im 18. Jh., das bis dahin allgemein gebräuchliche „Weib" als Geschlechtsbezeichnung ab. Warum ist das wichtig? Als die Verfassung der Weimarer Republik formuliert wurde, oder das Grundgesetz oder die Verfassung der DDR, war ganz selbst verständlich von Frauen und Männern, von Mann und Frau die Rede.

---

1 www.bpb.de/themen/erster-weltkrieg-weimar/weimarer-republik/277582/grundsaetzlich-gleichberechtigt-die-weimarer-republik-in-frauenhistorischer-perspektive/ (abgerufen am 04.01.2025)

2 www.mdr.de/geschichte/ddr/alltag/familie/gleichberechtigung-mann-frau-ost-west-loehne-renten-100.html, siehe auch: www.emma.de/artikel/grundgesetz-los-gehts-genossin-340999 (beide abgerufen am 04.01.2025)

3 www.deutschland.de/de/topic/politik/deutschland-grundgesetz-frauen-und-gleichberechtigung (abgerufen am 04.01.2025)

Zurück zum Anfang, zum Twitter-Post: „Seit Anbeginn der Menschheit wurden Menschen schwanger. Frauen gibt es erst seit etwas mehr als 1000 Jahren." Ich gehe davon aus, dass Elisabeth Selbert mit „Frau" tatsächlich diejenigen Menschen gemeint hat, die schwanger werden können. Oder meinte sie etwas ganz anderes? Mit dem Grundgesetz sind wir in der Welt der Juristerei. Das Lexikon der Webseite Jura Forum definiert „Frau" folgendermaßen:

„Eine Frau ist eine erwachsene weibliche Person, die sich aufgrund ihrer biologischen, sozialen und kulturellen Wesenszüge definiert."[1]

HIN UND WIEDER UNTERSCHEIDET DAS DEUTSCHE RECHT DOCH NACH GESCHLECHTERN

Auch wenn Männer und Frauen nach dem Gesetz gleichberechtigt sind, hin und wieder unterscheidet das deutsche Recht, doch nach Geschlechtern, z. B. im Arbeitsschutz: Das Jura Forum erklärt: „Darüber hinaus gelten für Frauen im Arbeitsrecht spezielle Regelungen, die auf ihre biologische Rolle als Mütter abzielen. Dazu zählen unter anderem Mutterschutz und Elternzeit. Der Mutterschutz ist im Mutterschutzgesetz (MuSchG) geregelt und umfasst unter anderem Beschäftigungsverbote vor und nach der Geburt sowie besondere Kündigungsschutzvorschriften."[2] Allerdings wurde mit dem Gesetz zur Neuregelung des Mutterschutzrechts vom 23. Mai 2017 in § 1 Abs. 4 Mutterschutzgesetz für den persönlichen Anwendungsbereich folgende Klarstellung eingefügt: „Dieses Gesetz gilt für jede Person, die schwanger ist, ein Kind geboren hat oder stillt."[3]

Eine Ausarbeitung des Wissenschaftlichen Diensts des Bundestags[4] erklärt: „Mithin wurde für das Mutterschutzgesetz eine

1 www.juraforum.de/lexikon/frau

2 www.juraforum.de/lexikon/frau#elternzeit-und-mutterschutz 3 dejure.org/gesetze/MuSchG/1.html

4 www.bundestag.de/resource/blob/708986/996cefa98f47a36cd8434a032d6d3ab6e/WD-3-124-20-pdf-data.pdf (alle vier abgerufen am 04.01.2025)

neue funktionelle Definition des Begriffs Frau im Sinne dieses Gesetzes eingeführt. Danach sind die Rechtsfolgen des Mutterschutzgesetzes also nicht an das biologische Merkmal der Frau geknüpft, sondern an den Zustand der Schwangerschaft, die Geburt eines Kindes oder die Tätigkeit des Stillens."[1] Was soll das bedeuten? Ist der Zustand der Schwangerschaft, die Geburt eines Kindes oder die Tätigkeit des Stillens etwa nicht an das biologische Merkmal der Frau geknüpft? In einem anderen Beispiel in dieser Ausarbeitung wird jedoch wieder ganz klar, was Geschlecht und was Frauen sind. Es geht um die Regelungen zum Opfer- und Gewaltschutz.

DIE RECHTSLAGE

Es bestehen besondere Regelungen zum Schutz vor Gewalt, insbesondere häuslicher Gewalt oder Zwangsprostitution. Regelmäßig ist in diesen Regelungen das Kriterium des Geschlechts bzw. das Erfordernis der Schutzbedürftigkeit ein allgemeiner Anknüpfungspunkt. Teilweise werden explizit Frauen in bestimmten Situationen als zu schützende Personen ausdrücklich benannt. So erklärt die Allgemeine Verwaltungsvorschrift zur Durchführung des Bundesmeldegesetzes (BMGVwV) im Abschnitt 51, Nummer 51.0.2. zu Hinweispflichten der Behörden anlässlich der Eintragung einer Auskunftssperre:

„Wenn Anhaltspunkte für die Gefährdung einer Frau bestehen, zum Beispiel durch häusliche Gewalt, Zwangsprostitution oder „Gewalt im Namen der Ehre“, soll die Meldebehörde auf das bundesweite Hilfetelefon „Gewalt gegen Frauen“ des Bundesamtes für Familie und zivilgesellschaftliche Aufgaben und die entsprechende Internetadresse (Telefon: 08000116016; Internet: www.hilfetelefon.de) hinweisen.“

VERFASSUNGSRECHTLICHE RECHTFERTIGUNG

Die genannte Norm stellt eine Verwaltungsanweisung dar, nach der Frauen auf ein besonderes Hilfsangebot aufmerksam ge-

1 WD 3 – 3000 – 124/20, Seite 9

macht werden sollen. Männer können auch Opfer von häuslicher Gewalt, Zwangsprostitution etc. sein. Insofern werden Frauen aufgrund ihres Geschlechts bevorzugt behandelt. Der Hinweis auf spezielle Hilfsmöglichkeiten dient den verfassungsrechtlich geschützten Rechtsgütern des Lebens, der körperlichen Unversehrtheit, der Freiheit etc.. Frauen sind regelmäßig körperlich schwächer als Männer. Daher ist der spezielle Schutz von Frauen durch das genannte kollidierende Verfassungsrecht gerechtfertigt. *Es entspricht ferner dem in Art. 3 Abs. 2 S. 2 GG enthaltenen Gebot, aufgrund von meist unterschiedlicher körperlicher Ausstattung der Geschlechter, bestehende Nachteile zu beseitigen.*[1]

Hier wird „Geschlecht" wieder eindeutig körperlich verstanden, wieder an das biologische Merkmal der Frau geknüpft. Auch wird darauf hingewiesen, dass es bestehende Nachteile aufgrund von meist unterschiedlicher körperlicher Ausstattung der Geschlechter gibt. Wir wissen, dass viele reale Benachteiligungen von Frauen bei uns mit unserer Physiologie, mit unserem weiblichen Körper, mit unseren reproduktiven Funktionen zusammenhängen.

Aktuelle Themen, wie Mietmutterschaft oder Prostitution machen das deutlich. Wir können nicht für unsere Rechte als Frauen kämpfen, wenn der Zusammenhang unserer Unterdrückung mit unserem weiblichen Körper nicht mitgedacht wird. Wir müssen uns daher darauf besinnen, was Elisabet Selbert gemeint hat, als sie den Satz „Männer und Frauen sind gleichberechtigt." durchsetzte, und dürfen nicht vergessen, was eine Frau ist. Wir müssen uns erinnern, was Emma Goldman 1897 meinte als sie sagte:

"I demand the independence of woman, her right to support herself; to live for herself; to love whomever she pleases, or as many as she pleases. I demand freedom for both sexes, freedom of action, freedom in love and freedom in motherhood."[2]

1 WD 3 – 3000 – 124/20, Seite 13

2 avispa.org/emma-goldman-intersectional-before-the-word-existed/ (abgerufen am 04.01.2025)

„Ich fordere die Unabhängigkeit der Frau, ihr Recht, für sich selbst zu sorgen, für sich allein zu leben, zu lieben, wen sie will oder so viele, wie sie will. Ich fordere Freiheit für beide Geschlechter, Freiheit im Handeln, Freiheit in der Liebe und Freiheit in der Mutterschaft.“

Ganz eindeutig hatte auch Emma Goldman diejenigen Menschen im Kopf, die schwanger werden können, als sie von „woman“, von „Frau“ sprach. Erinnern wir uns an Simone de Beauvoirs Warnung:

"N'oubliez jamais qu'il suffira d'une crise politique, économique ou religieuse pour que les droits des femmes soient remis en question. Ces droits ne sont jamais acquis. Vous devrez rester vigilantes votre vie durant."[1]

„Vergesst nie, dass es nur einer politischen, wirtschaftlichen oder religiösen Krise bedarf, um die Rechte der Frauen in Frage zu stellen. Diese Rechte können niemals als selbstverständlich angesehen werden. Ihr müsst euer ganzes Leben lang wachsam bleiben.“

Angesichts der in ein paar Wochen anstehenden Wahlen zum europäischen Parlament vergessen wir auch nicht Susan B. Anthony, die 1872 vollkommen unmissverständlich aufrief:

"No self-respecting woman should wish or work for the success of a party that ignores her sex."[2]

„Keine Frau, die sich selbst respektiert, sollte sich den Erfolg einer Partei wünschen, die ihr Geschlecht ignoriert, oder für deren Erfolg arbeiten.“

Susan B. Anthony spricht von „sex“, also vom physischen Geschlecht, wenn sie von „Frau“ spricht, es besteht kein Zweifel, dass sie damit diejenigen Menschen meint, die schwanger werden können.

Also machen wir unser Kreuz am 9. Juni bei einer Partei, die weiß, was eine Frau ist UND im Sinne der Verfassung auf die

1 www.philomag.com/articles/simone-de-beauvoir-laudace-de-choisir-son-destin

2 suffragistmemorial.org/september-10-1920/ (beide abgerufen am 04.01.2025)

Beseitigung bestehender Nachteile hinwirkt – zumindest aber nicht neue Nachteile für Frauen einführen will.
Und hier und heute, da wir Frauen sprechen, da wir fordern „Lasst Frauen sprechen", lasst uns auch ein wenig stolz auf uns sein, denn wie Maya Angelou sagt,

"Each time a woman stands up for herself, without knowing it possibly, without claiming it, she stands up for all women."[1]

„Jedes Mal, wenn eine Frau für sich selbst eintritt, vielleicht ohne es zu wissen, ohne es einzufordern, tritt sie für alle Frauen ein."

Und wir hier wissen ganz genau, warum und für wen wir hier stehen: **Für Frauen und Mädchen.**

1 www.huffpost.com/entry/maya-angelou-women-quotes_n_5404284 (abgerufen am 04.01.2025)

Rede von Susette Schubert

(Die) Mütter der Gleichberechtigung in den Anfängen der DDR

Dr. Grit Bühler hat einen Gastbeitrag[1] zum Thema für die Initiative „Lasst Frauen sprechen“ verfasst, basierend auf ihrer eigenen Forschung zu den Müttern der Gleichberechtigung in der DDR, denn wir feiern nicht nur eines, sondern ZWEI Jubiläen, gleich ZWEI Gruppen von „Müttern“ der Gleichberechtigung.

Liebe Schwestern und Verbündete,
heute stehen wir hier, um die leidenschaftliche Geschichte der Frauen zu feiern. Eine Geschichte, die oft übersehen wurde, aber unaufhaltsam und unbeirrt weitergeführt wurde. Es ist an der Zeit, dass wir die Stimmen derjenigen erheben, die die Wege der Gleichberechtigung mit ihrem Mut und ihrer unerschütterlichen Entschlossenheit geebnet haben.

Dr. Elisabeth Selbert schenkte uns nicht nur ihre Stimme, sondern auch ihren unbeugsamen Glauben an die Gleichberech-

1 Grit Bühler, Gastbeitrag zu „75 Jahre Grundgesetz, Wir ehren Dr. Elisabeth Selbert“, lasst-frauen-sprechen.de/dr-elisabeth-selberts-blick-in-den-frauenbewegten-osten-im-nachkriegsdeutschland/ (Zugriff: 04.01.2025)

tigung. Aber lasst uns heute auch die Mütter der Gleichberechtigung im Osten Deutschlands ehren. Sie waren es, die in den frühen Tagen der DDR den Funken der Emanzipation hochhielten und den Weg für eine Zukunft ebneten, in der Frauen nicht mehr im Schatten stehen mussten.

Lasst uns über die Gründerinnen des Demokratischen Frauenbundes Deutschlands (DFD) sprechen – Frauen wie Käthe Kern, Helene Beer, Annemarie Durand-Wever und Maria Rentmeister, übrigens die Tante von der vielen von uns bekannten Professorin Cäcilia (Cillie) Rentmeister. Diese und andere Frauen formten in der schweren Nachkriegszeit eine Bewegung von zweihunderttausend Frauen, die nicht nur Grenzen überwand, sondern auch patriarchale Strukturen herausforderte und veränderte. Ihre Manifeste waren nicht nur Worte auf Papier, sondern ein unbedingter Wille nach Veränderung, der bis heute widerhallt.

Es waren ihr Mut und ihr Engagement, der die Verfassung der DDR, Artikel 7, prägte und die Gleichberechtigung der Geschlechter fest in ihre Grundlage einband. Sie kämpften gegen vielfältige Widerstände, und dennoch hielten sie stand. Ihre Arbeit war nicht nur revolutionär, sondern auch visionär. Sie stritten für eine Welt, in der Frauen nicht nur gleichberechtigt sind, sondern auch die gleichen Chancen haben wie Männer.

Die Endfassung des Artikel 7 der DDR-Verfassung lautete

„Mann und Frau sind gleichberechtigt"

und

„Alle Gesetze und Bestimmungen, die der Gleichberechtigung der Frau entgegenstehen, sind aufgehoben."

Lasst uns nicht vergessen, dass ihr feministisches Erbe über die Grenzen hinausreicht. Die Worte, die sie sprachen, und die Taten, die sie vollbrachten, inspirierten Frauen auf der ganzen Welt. In der Bundesrepublik Deutschland hörte Elisabeth Selbert ihren Ruf. Ihre Arbeit im Parlamentarischen Rat ebnete den Weg für Artikel 3 des Grundgesetzes, der besagt: „Männer und Frauen sind gleichberechtigt."

Wir stehen heute auf den Schultern dieser mutigen Frauen, und es liegt an uns, ihr Erbe zu ehren und weiterzuführen. Lasst uns ihre Geschichten erzählen und ihre Visionen in die Zukunft tragen. Lasst uns für eine Welt kämpfen, in der Gleichberechtigung nicht nur ein Traum ist, sondern eine Realität für alle Frauen auf der ganzen Welt.

Lasst uns vereint und niemals ruhen, bis jede Frau die gleichen Rechte und Chancen hat wie jeder Mann. Vielen Dank!

Gastbeitrag[1] von Dr. Grit Bühler

Dr. Elisabeth Selberts Blick in den frauenbewegten Osten im Nachkriegsdeutschland

Neue Erkenntnisse zu Emanzipation und Empowerment in den Anfängen der DDR

Es gab (die) Mütter der Gleichberechtigung auch in der frühen DDR – in der Sowjetischen Besatzungszone: Sie waren die Gründerinnen des Demokratischen Frauenbundes Deutschlands (DFD). Energiegeladen bereiteten sie den Weg zur Gleichberechtigung, der durchaus konfliktreich verlief: Gerade auch die Verankerung in Verfassung und Gesetzgebung war damals keineswegs ein Selbstläufer. Ihr Einsatz hat sich gelohnt, die Errungenschaften wirken bis heute nach. Das ist die eine Geschichte. Die andere: Was haben diese Akteurinnen mit den Müttern des Grundgesetzes, der Gleichberechtigung in der Bundesrepublik zu tun – mit Elisabeth Selbert und ihren Mitstreiterinnen? Tatsächlich waren sie über politische, ideologische und reale Grenzen hinweg verbunden, und in einem engen Zeitfenster zwischen West und Ost gut vernetzt – und dies auch in Bezug

1 Grit Bühler, Gastbeitrag zu „75 Jahre Grundgesetz, Wir ehren Dr. Elisabeth Selbert", lasst-frauen-sprechen.de dr-elisabeth-selberts-blick-in-den-frauenbewegten-osten-im-nachkriegsdeutschland/ (Zugriff: 04.01.2025)

auf die gesetzliche Fixierung von Frauenrechten. Anhand von neu erschlossen Quellen[1] konnte rekonstruiert werden, wie es dazu kam: Mit Gründung des Frauenbundes im März 1947 in Berlin entstand ein feministisches Manifest:

„Wir dürfen niemals mehr zulassen, daß über Deutschlands Gestaltung und Geschicke ohne uns Frauen entschieden wird. Wir werden von jetzt ab mitwissen, mitverantworten und mitbestimmen."[2]

Das exponentielle Wachstum der Mitglieder im DFD – bereits im Jahr der Gründung waren es über 200.000 Frauen – spiegelte das neue feministische Selbstbewusstsein und eine gemeinsame kollektive Identität wider, erfahren beispielsweise auf tausendköpfigen Kongressen und Frauenversammlungen. Entsprechend gipfelte dies in der Selbstbeschreibung als eine „neue demokratische Frauenbewegung" – ein historisch eigenmächtiger Aufbruch.[3]

Der gesamte Frauenbund hatte den Anspruch, „in schwesterlicher Verbundenheit" [...] „die Sprecherin für alle deutschen Frauen [zu] sein"; er betrachtete sich nicht als „eine Vertretung der Ostzone und Berlins" – so die frauenbewegte Gründerin Maria Rentmeister – sondern wollte „den fortschrittlichsten Teil der deutschen Frauenbewegung" repräsentieren und an der „Herstellung einer gesamtdeutschen Frauenorganisation" festhalten.[4]

Die Notwendigkeit einer parteiübergreifenden „Bottom-up"-Frauenbewegung wurde vielstimmig artikuliert. Die Arbeit von und für Frauen war eines der großen Potenziale der Frauen-

1 Siehe Grit Bühler, Eigenmächtig, frauenbewegt, ausgebremst. Der Demokratische Frauenbund Deutschlands und seine Gründerinnen (1945–1949), Frankfurt a. M./New York 2022 sowie Grit Bühler, „(Die) Mütter der Gleichberechtigung in der DDR. Die frauenbewegte Gründerinnenzeit des Demokratischen Frauenbundes Deutschlands (DFD) 1945 – 1949", in: Deutschland Archiv, 7.11.2023 (Erstveröffentlichung), 7.3.2024 Aktualisierung/Postskriptum, Link: www.bpb.de/542468.

2 DFD (Hg.), Protokoll des Deutschen Frauenkongresses für den Frieden, Berlin 1947, S. 152f.

3 Ebd., S. 70. Bis 1952 wuchs er auf 1,1 Millionen Frauen an.

4 Bühler, Grit/Rentmeister, Cillie (2024): Maria Rentmeister, in: Digitales Deutsches Frauenarchiv, URL: www.digitales-deutsches-frauenarchiv.de/akteurinnen/maria-rentmeister (Zugriff: 04.01.2025).

ausschüsse und des jungen DFD – eine Plattform, auf der Frauen gemeinsam neue politische und soziale Regeln verhandelten und frauenspezifische Interessen vertreten lernen sollten. Und dies gelang ihnen bis auf kommunale Ebenen – praktisch, partei- und schichtenübergreifend und überkonfessionell.

Zu den wirkmächtigsten Gründerinnen bzw. Akteurinnen des Frauenbundes zählten die aus der Sozialdemokratie stammende Käthe Kern, die Liberale Helene Beer, die Kommunistinnen Maria Rentmeister, Emmy Damerius-Koenen, Elli Schmidt, Hilde Benjamin sowie die beiden parteilosen Frauen Prof. Dr. Paula Hertwig und die erste gewählte DFD-Vorsitzende, Gynäkologin und Sexualreformerin Dr. Anne-Marie Durand-Wever. Sie war spätere Mitbegründerin von *pro familia* – 1952, hier in Kassel. Praktisch alle waren schon vor 1933 als Kämpferinnen für Gleichberechtigung in Erscheinung getreten, zwei von ihnen auch in der alten Frauenbewegung im radikalen Flügel. Sie wurden ins Exil getrieben oder im nationalsozialistischen Deutschland verfolgt; sie distanzierten sich von der Männerpolitik der vergangenen Jahre und waren entschlossen, ihre demographische Mehrheit auch als (Macht-)Faktor einzusetzen. Sie engagierten sich aufs Neue in der Nachkriegsfrauenbewegung des DFD und waren maßgeblich als ‚Mütter der Gleichberechtigungsgesetzgebung' an der Ausformulierung einer Vielzahl gleichstellender Gesetze zu Rechts- und Verfassungsfragen beteiligt. Bewegt von dem Impuls, die Geschlechterordnung und die Situation von Frauen sichtbar und anhaltend zu verändern, war der DFD auch bei der Entstehung der künftigen Verfassung mit seinem Anspruch auf Gleichberechtigung der Geschlechter federführend. Dass die Gleichberechtigung in Artikel 7 der Verfassung der DDR 1949 festgeschrieben wurde, resultierte aus einer beharrlich geführten Debatte, die insbesondere von Akteurinnen des DFD erstritten wurde. Bei der Ausarbeitung der zahlreichen Vorschläge und Entwürfe stießen sie auf patriarchale Widerstände, so dass sie ihre feministischen Forderungen immer wieder neu zu verteidigen hatten. Umso wichtiger wurde bei der Unterstützung der Frauen- und Gleichberechtigungsinteressen der bereits zu einer großen Frauenorganisation herangewachsene DFD. Es erscheint heute so, dass die Akteurinnen dieses basisdemokratische Instrument gezielt nutzten. Sie wussten um die Wirkmächtigkeit der hinter ihr versammelten Frauenmacht – 1950 waren es bereits ca. 500.000 Frauen.

Dies ermächtigte den DFD, vertreten durch seine Verfassungskommission, sich offensiv in den Verfassungsgebungsprozess einzubringen und direkt Einfluss zu nehmen:

„Es ist notwendig, die Gleichstellung von Männern und Frauen auszusprechen. Um die Verwirklichung dieses Grundsatzes zu sichern, muss die Anordnung, daß alle entgegenstehenden Gesetze und Bestimmungen aufgehoben sind, angeführt werden.“

Es wurde auch Wert auf die Formulierung gelegt: ‚Gesetze und Bestimmungen', um damit auch nicht gesetzliche Regelungen, z. B. in Tarifverträgen, zu erfassen.[1] Abschließend wurde im Verfassungstext festgeschrieben:

„(1) Mann und Frau sind gleichberechtigt. (2) Alle Gesetze und Bestimmungen, die der Gleichberechtigung der Frau entgegenstehen, sind aufgehoben.“[2]

Im Einzelnen betraf dies auch das Recht der Frau auf Lohngleichheit bei gleicher Arbeit. Ausdrücklich wurde für den Ehestand festgestellt: „Die Ehe beruht auf der Gleichberechtigung der beiden Geschlechter.“[3] Mit ihren fortschrittlicheren Verfas-

1 Vorschläge des DFD zum Verfassungsentwurf des Volksrates vom 15. November 1948, zit. nach: Bundesvorstand des DFD (Hg.), Geschichte des DFD, S. 96 (Hervorhebung im Original).

2 Artikel 7, Verfassung der DDR vom 7. Oktober 1949, www.verfassungen.de/ddr/verf49.htm (Zugriff: 04.01.2025).

3 Artikel 25, SED-Entwurf für eine Verfassung vom 14. November 1946, www.documentarchiv.de/ddr/1946/sed-verfassungsentwurf-ddr.html (Zugriff: 04.01.2025). Dieser Satz war bereits in der Weimarer Verfassung vom 11. August 1919 in Artikel 119 Absatz 1 festgeschrieben. Siehe: www.documentarchiv.de/wr/wrv.html (Zugriff: 04.01.2025).

sungsdiskussionen und -formulierungen inspirierten die DFD-Gründerinnen offenbar auch die ‚Mütter der Gleichberechtigungsgesetzgebung' in der Bundesrepublik Deutschland – die Sozialdemokratin Elisabeth Selbert und ihre Mitstreiterinnen.

„Mann und Frau sind gleichberechtigt."[1]

Diese prägnante Formulierung war der westdeutschen Frauensekretärin im SPD-Parteivorstand Herta Gotthelf bekannt – in Berlin war sie gut vernetzt, nachweislich auch mit der Vorsitzenden der bereits seit 1947 existierenden DFD-Verfassungskommission Käthe Kern. Mit Kern verband sie eine langjährige Zusammenarbeit in der SPD-Frauenpolitik – schon seit den 1920er Jahren, seit dem gemeinsamen Besuch der Akademie der Arbeit in Frankfurt am Main.[2] Herta Gotthelf forcierte daraufhin die fast gleich lautende Übernahme in den SPD-Verfassungsantrag – der wiederum von Elisabeth Selbert in den Parlamentarischen Rat eingebracht und letztendlich als Artikel 3, Absatz 2 Grundgesetz festgeschrieben wurde:

„Männer und Frauen sind gleichberechtigt."[3]

In der faktischen Politik der DDR klafften dann Anspruch und Wirklichkeit politischer Partizipation und Gleichberechtigung immer wieder stark auseinander. Gleichwohl blieben die Forderungen und Anliegen der Akteurinnen auch durch den Erfahrungstransfer auf die nächste Generation nicht wirkungslos. Dieses kräftige Echo hallt auch über politisch-gesellschaftliche Umbrüche hinweg nach. Es zählte für Frauen in der DDR zur

1 Artikel 7, Abs. 1, Verfassung der DDR vom 7. Oktober 1949, www.verfassungen.de/ddr/verf49.htm (Zugriff: 04.01.2025).

2 Vgl. Ludger Fittkau, Man lebt ja nicht um seiner selbst willen. Die Frauenrechtlerin Käthe Kern und der 20. Juli 1944, Berlin 2023, S. 74f. und S. 214–224. Zum einflussreichen Wirken von Herta Gotthelf als Ideengeberin ‚im Hintergrund' vgl. Karin Gille-Linne, Verdeckte Strategien. Herta Gotthelf, Elisabeth Selbert und die Frauenarbeit der SPD 1945–1949, Bonn 2011, S. 236–241.

3 Artikel 3, Absatz 2, Grundgesetz für die Bundesrepublik Deutschland vom 23. Mai 1949, www.verfassungen.de/gg49-kons-i.htm (Zugriff: 04.01.2025).

gesellschaftlichen Normalität, einen Beruf zu ergreifen und ökonomisch unabhängig zu sein, auch im Falle einer Ehescheidung, sowie selbstbestimmt über den eigenen Körper das Recht auf einen Schwangerschaftsabbruch wahrzunehmen. Auch vor diesem Hintergrund sind ostdeutsche Lebensleistungen und Biografien anzuerkennen. Im direkten Vergleich hatte die Mehrzahl der Frauen in der DDR nach der Zäsur 1989/90 durch ihre Sozialisation tatsächlich einen Emanzipationsvorsprung gegenüber den Frauen aus der Bundesrepublik.

Rede von Dr. Gerit Sonntag

Wer war Elisabeth Selbert?

Ich beginne mit einem Zitat von Barbara Böttger:

„Sie ist eine der seltenen Fälle in der Geschichte, wo ganz klar nachzuweisen ist, dass sich die Dinge ohne das Einwirken gerade dieser Persönlichkeit anders entwickelt hätten.“[1]

Elisabeth Selbert hat in vier verschiedenen politischen Systemen gelebt. Sie hat zwei Weltkriege miterlebt. Man muss sich mal vorstellen, was diese Frau alles durchgemacht hat, mitgemacht hat, erlebt hat und sie hat die ganze Zeit gearbeitet ohne Pause, immer mit voller Kraft. Im Kaiserreich ist Wilhelm II. nach Kassel-Wilhelmshöhe gekommen, um dort seinen Sommersitz einzunehmen, Elisabeth Selbert musste als Schülerin damals Spalier stehen. Sie hat es gehasst. Sie hat versucht, die Weimarer Republik mit aufzubauen. Sie hat im Dritten Reich unter Beobachtung gelebt und schließlich die Grundzüge für die Bundesrepublik Deutschland mitgelegt.

Ihre Mutter Eva Elisabeth, geborene Sauer, war Hauswirtschafterin auf elterlichem Hof. Ihr Vater Georg Rhode war Beamter

1 Barbara Böttger „Das Recht auf Gleichheit und Differenz – Elisabeth Selbert und der Kampf der Frauen um Art. 3 II Grundgesetz“, Münster 1990, S. 11

in der Kasseler Jugendstrafanstalt, wo Elisabeth schon im Alter von sechs oder sieben Jahren ein und aus ging, um ihren Vater zu besuchen. Dort hat sie gesehen, wie Häftlinge leben und hat sich später dann auch für bessere Haftbedingungen eingesetzt.

DIE FAMILIE AUF MÜTTERLICHER SEITE, FAMILIE SAUER, HATTE SEHR ENGE FAMILIENBINDUNGEN

Das heißt, die Verwandtschaft greift sich gegenseitig unter die Arme. Deshalb hatte auch Elisabeth Selbert später eher keine Kinderfrau eingestellt, sondern sie konnte sich immer auf die Verwandtschaft verlassen, die sich gegenseitig unterstützt hat. Schon Oma Sauer und Mutter Eva gaben in ihrer Ehe den Ton an. Zum Teil, weil ihre Ehemänner gesundheitlich angeschlagen waren. In dem Haushalt, in dem Elisabeth Selbert aufgewachsen ist, das war ein streng protestantischer und preußischer Haushalt, da war keine Rede von Liebe oder Zärtlichkeit.

Elisabeth als zweitälteste von vier Töchtern war Opas und Papas Lieblingskind. Nachdem die älteste Tochter zur Schule ging, war kein Geld mehr übrig für die anderen Töchter. Durch eine erfolgreich abgelegte Prüfung wurde Elisabeth von der Schulgeldzahlung befreit. Aber mit 16, als sie von der Schule ging, bekam sie – anders als ihre männlichen Mitschüler – kein Zeugnis und keine mittlere Reife.

Bei der Arbeit als Postgehilfin im Telegrafendienst lernte Elisabeth Rhode den drei Jahre älteren Buchdrucker Adam Selbert kennen. Er war eineinhalb Jahre Soldat im Ersten Weltkrieg gewesen und mit 20 Jahren der jüngste Abgeordnete im Kommunal- und Provinziallandtag von Hessen-Nassau (er kam ursprünglich aus Mainz). Sein erstes Geschenk an seine zukünftige Frau war das Buch von August Bebel mit dem Titel »Die Frau und der Sozialismus«. Elisabeth Selbert hat später gesagt, es war eine Neigungsehe. Beide wollten in der sozialdemokratischen Parteihierarchie aufsteigen, um aus der kleinbürgerlichen, eher ärmlichen Umgebung ihrer Jugend zu entfliehen. Mit kühlem Kopf schmiedete das Paar einen ungewöhnlichen Plan: Adam Selbert war sich bewusst, dass Elisabeth mit ihrer soliden Schulbildung bessere Chancen auf ein Abitur und ein Studium hatte als er. Mit 25 Jahren bekam Elisabeth den ersten Sohn. Rund 13 Monate später, 1922, kam der zweite Sohn. Damit war die Familiengründung abgeschlossen.

Wir dürfen nicht vergessen, dass die bürgerliche Frauenbewegung jahrelang für gleiche Ausbildungschancen für Mädchen gekämpft hatte, sodass 1899 die ersten sechs Frauen in Berlin ihr Abitur bestanden. 1926 hat Elisabeth Selbert mit fast 30 Jahren nach zwölf Monaten intensivem Selbststudium das Abitur an der Kasseler Luisenschule abgelegt. Sie war die erste Frau in Kassel, die als Externe die Reifeprüfung bestand. Sofort danach hat sie das Studium der Rechts- und Staatswissenschaft begonnen, zuerst in Marburg, später dann in Göttingen.

DIE STUDIERENDE MUTTER IST TÄGLICH GEPENDELT

Man muss sich vorstellen: Elisabeth Selbert ist täglich von Kassel, beziehungsweise Niederzweren, nach Marburg gependelt (90km eine Strecke), später dann nach Göttingen (60km). Sie ist um sechs Uhr morgens aufgestanden, hat ihre beiden Söhne für die Schule fertig gemacht und ist abends gegen 22 oder 24 Uhr nach Hause gekommen.

1929 hat sie nach der Mindeststudienzeit von sechs Semestern das erste Staatsexamen abgelegt. Direkt im siebten Semester hat sie die Doktorarbeit begonnen und beendet. Titel der Doktorarbeit war: „Ehezerrüttung als Scheidungsgrund“. Sie hat für eine neue Ehe plädiert und nannte sie: „eine Synthese zwischen Bindung und Freiheit auf Grundlage treuer Kameradschaftlichkeit, gegenseitiger Fortbildung und Unterstützung im Kampf des Lebens“. Ich weiß nicht, wer sich auskennt mit dem Scheidungs- und Familiengesetz, aber lange Zeit war nur das Schuldprinzip in der Ehe ein Scheidungsgrund. Elisabeth Selbert hat damals wirklich ihrer Zeit voraus für das Zerrüttungsprinzip plädiert, nämlich dass man ohne Schuldzuweisung eine würdevolle Trennung hinbekommt. Tatsächlich umgesetzt wurde ihre Forderung 1976 im ersten Gesetz zur Reform des Ehe- und Familienrechts. Wir erinnern uns, damals wurde auch die Vergewaltigung in der Ehe für strafbar erklärt und einige Politiker im Bundestag haben dagegen gestimmt, unter anderem Friedrich Merz. Nur zehn Jahre vorher, nämlich 1966, erklärte der Bundesgerichtshof: „Die Frau genügt ihren Ehepflichten nicht schon damit, dass sie die Beiwohnung teilnahmslos geschehen lässt." Erst 1958 wurde das folgende Gesetz aufgehoben: „Das Vermögen der Frau (auch das während der Ehe erworbene Vermögen) wird durch die Eheschließung der Verwaltung und Nutznießung des Mannes unterworfen."

ELISABETH SELBERT WAR UNTER DEN ERSTEN FRAUEN, DIE RECHTSWISSENSCHAFTEN VOLLUMFÄNGLICH STUDIEREN KONNTEN

1913 gab es in Deutschland zwar schon zwölf Frauen, die als Dr. Jur. registriert waren, diese durften aber nicht das zweite Staatsexamen ablegen und führten ihren Beruf daher nur in Teilfunktionen aus. Erst 1919, mit Verkündung der Weimarer Reichsverfassung, gab es auch in Studienangelegenheiten keine Sonderregelungen mehr. Das heißt, die weiblichen Studierenden waren de jure ordentliche Studierende. Elisabeth Selbert beendete noch im siebten Semester ihre Doktorarbeit und absolvierte ohne Pause ihr Referendariat. Als sie als Assistentin des Ersten Staatsanwalts das Plädoyer hielt, titelte die Kasseler Tageszeitung: „Kassels erste Staatsanwältin."

Am 30. Januar 1933 ist die Machtergreifung der Nationalsozialisten. Die Weimarer Republik ist nur 15 Jahren nach ihrer Proklamation gescheitert. Kassel ist damals eine Nazi-Hochburg. 1932 wurde die NSDAP dort erstmals stärkste Partei. Die NSDAP verfolgt Kommunisten und Sozialdemokraten und schickt diese auch in Konzentrationslager zur sog. Schutzhaft. Adam Selbert wird mit 40 Jahren vorzeitig in den Ruhestand versetzt, kommt ins KZ Breitenau und bleibt dort einen Monat. Er hat später erzählt, dass er nur knapp einem Genickschuss entgangen ist. Das heißt, jemand hat ihm die Pistole an den Hinterkopf gesetzt und er sagt, er sei dabei nur nicht gestorben, weil er sich umgedreht und dem Mann in die Augen geschaut hat. Dieses Erlebnis hat er als Trauma davongetragen, was möglicherweise später zu seiner schweren Diabetes führte.

1933, wahrscheinlich aufgrund der Machtergreifung, der Verhaftung ihres Mannes und der ganzen Strapazen durch pendeln, studieren und schreiben erleidet Elisabeth Selbert zwischen dem ersten und zweiten Staatsexamen einen Nervenzusammenbruch und kann sechs Monate nicht arbeiten.

ICH NEHME AN, DAS WAREN DIE EINZIGEN SECHS MONATE IN IHREM LEBEN, WO SIE „NICHT" GEARBEITET HAT

Im Oktober 1934 ist sie wieder einigermaßen genesen und kann sich für ihr zweites juristisches Staatsexamen in Berlin anmelden. Mit 38 Jahren ist sie frischgebackene Juristin und ihr Mann Adam drängt sie, sofort die Zulassung als Anwältin zu beantragen, weil er gehört hat, dass die Nazis Frauen von Berufen in der Justiz ausschließen wollen. Und tatsächlich, ab 1935 wurden nur noch Anträge von männlichen Juristen genehmigt. Es war also ein sehr enges Zeitfenster für Elisabeth Selbert. Am 15. Dezember 1934 erhält sie die ersehnte Zulassung von zwei älteren Richtern in Kassel. Diese kannten Elisabeth Selbert und ihren Vater (als Justizbeamten) schon seit Jahren. Und zwar erhält sie die Zulassung gegen den Willen von Gauleiter, Rechtsanwaltskammer, nationalsozialistischem Juristenbund und des Präsidenten, der zu der Zeit gerade auf Dienstweise war. Mit der Anwaltszulassung in der Hand fängt Elisabeth Selbert sofort an zu arbeiten. Im selben Monat bezieht sie ein Büro am Königsplatz in Kassel und eröffnet ihre Kanzlei. Sie hat die komplette Sozietät von zwei jüdischen Kollegen abgekauft. Diese waren damals schon sehr unter Druck und brauchten Geld, um das Land zu verlassen. Solche Transaktionen waren eigentlich verboten.

Für eine berufsunerfahrene Anwältin hat sie einen ausnehmend günstigen Karrierestart. An Klienten und Aufträgen fehlt es ihr nicht. Obwohl auch Elisabeth Selberts Plädoyers von der Geheimen Staatspolizei überwacht werden, gelingen ihr manchmal kleine Widerstandsleistungen. Zum Beispiel trifft sie bisweilen die Abmachung, in bestimmten Fällen Haftstrafen zu verhängen, um politisch Verfolgte vor dem Zugriff der Gestapo und der abzusehenden Verschleppung in ein KZ zu bewahren.

Am 1. September 1939 beginnt der Zweite Weltkrieg mit dem Überfall auf Polen. Der Zweite Weltkrieg dauert fünfeinhalb Jahre, Millionen von Toten. Adam Selbert ist immer noch unter Aufsicht der Geheimen Staatspolizei, hat schwere Diabetes und wird aus gesundheitlichen Gründen für untauglich erklärt. Elisabeth und Adam Selbert können mit ihren Freunden politische Diskussionen nur noch auf Wanderungen führen. Um als früher aktive Sozialdemokratin nicht aufzufallen, beantragt Elisabeth Selbert auf Anraten ihre Mitgliedschaft in der nationalsozialistischen Volkswohlfahrt. Die beiden Söhne werden bei der Hitlerjugend angemeldet, nehmen aber nur an sportlichen Veranstaltungen und nicht an politischen teil. Schließlich werden beide Söhne an die Ostfront abkommandiert. Der erste verbringt drei schwere Winter in Russland, der zweite Sohn trägt eine Schussverletzung am rechten Arm davon. In der Familie gibt es viele Tote. Elisabeth Selbert übernimmt zwischen 1940 und 1943 wochenweise die Vertretung der Kanzleien von Kollegen, die eingezogen wurden. Sie ist in dieser Zeit völlig überlastet und arbeitet ständig.

Am 22. Oktober 1943 sitzt Elisabeth Selbert um halb acht abends allein über den Akten in ihrer Kanzlei und wird von einer Angestellten vor dem bevorstehenden Luftangriff gewarnt. Sie fährt mit der Straßenbahn nach Hause in die Siedlung Rotenberg. Von dem leicht erhöhten Standort sieht die Familie gegen 21 Uhr:

GANZ KASSEL BRENNT

In dieser Nacht wurden 80 Prozent der Gebäude zerstört. Es gab über 10.000 Tote. Später erfährt Elisabeth Selbert, dass alle, die in den Kellern Schutz gesucht hatten, ums Leben gekommen sind. Man muss sich vorstellen: die ganze Stadt war zerstört.

Gerichtsgebäude und Anwaltskanzleien wurden verlegt in leerstehende Gebäude, zum Beispiel in leere Fabrikhallen. Elisabeth Selbert hat in Gerichtsverhandlungen ohne Fachliteratur, ohne Akten, völlig improvisiert weitergearbeitet. In den Monaten danach gab es weitere Bombenangriffe. Und als im September 1944 Kassel erneut brennt, zieht die Familie ins nahegelegene Melsungen, ungefähr 26 Kilometer von Kassel. Da die Züge nicht mehr fahren, müssen sie laufen. Sie verbringen sechs Monate im harten Winter dort. April 1945 ist Kriegsende. Mit der bedingungslosen Kapitulation am 8. Mai erlischt die Souveränität Deutschlands. Die Familie Selbert und auch viele andere atmen auf.

FÜR DIE AMERIKANER UNENTBEHRLICH

Sie leben in der US-Zone und das US-Militär sieht sich „als siegreiches Heer, jedoch nicht als Unterdrücker“. Was die Siegermächte beabsichtigen, das sind die vier großen Ds: Denazifizierung, Demokratisierung, Demilitarisierung, Dekartellisierung. Jetzt sind Menschen ohne Nazi-Vergangenheit und mit politischer Erfahrung gefragt. Zudem beherrscht Elisabeth Selbert die englische Sprache. Sie ist in vielen Verfahren unentbehrlich, denn alle Schriftstücke müssen den Militärbehörden in Englisch vorgelegt werden.

Um ihre Arbeit in Kassel zu leisten, läuft Elisabeth Selbert die 26 Kilometer von Melsungen nach Kassel, jeden Tag hin und zurück. Sie ist die Verbindungsperson zwischen den Sozialdemokraten und den Amerikanern. Die Amerikaner berufen bewusst zwei Frauen ans Kasseler Amtsgericht. Erika Blank als Richterin und Luise von Behm als Staatsanwältin. Ein US-Major sagt: „ein neuer Wegstein zur Demokratie Deutschlands." und

„ES IST GUT, WENN DEUTSCHLAND AUCH SEIN ALTES VORURTEIL GEGEN EINE FRAU IM ÖFFENTLICHEN AMT VERLIERT"

Jetzt erhalten ausgebildete Juristinnen ihre Chance, weil sie im Dritten Reich weitgehend aus der Rechtspflege ausgeschlossen waren und damit nicht in nationalsozialistische Justizverbrechen verwickelt waren. Zum Beispiel stehen im Oktober 1945 in Kassel statt der benötigten zwölf Amtsrichter nur zwei zur Verfügung.

Ab August 1945 wird Adam Selbert bei der Bezirkskommunalverwaltung angestellt. Er hat endlich eine gesicherte Position.

DIE BEIDEN SÖHNE KOMMEN LEBEND NACH HAUSE

Ein verwaister Schulfreund wird als dritter Sohn im Haushalt der Familie Selbert aufgenommen. Jetzt muss man sich vorstellen: Kassel gehörte zu den am stärksten verwüsteten Städten in Deutschland. Es fehlen Wohnungen, Verwaltungs- und Geschäftsräume. Dennoch weisen die Amerikaner im Sommer 1945 den Selberts eine große Wohnung in der heutigen Goethestraße in Kassel zu, wo die Genossinnen und Genossen auch zu Parteitreffen zusammenkommen. Mit Elan und Optimismus stürzt sich Elisabeth Selbert in den politischen Aufbau. Im April 1945 tagt in Kassel der überparteiliche Ausschuss mit allen Parteien aus der Weimarer Zeit, außer natürlich der NSDAP, und auch mit den damaligen Stimmenverhältnissen. Im überparteilichen Ausschuss sitzen zwei Frauen: Elisabeth Selbert für die SPD und Frieda Asthalter von der KPD.

Der nun folgende „politische Krimi“ wird von Gunda Schumann bestens beschrieben. Der zentrale Satz von Elisabeth Selbert im Grundgesetz *„Männer und Frauen sind gleichberechtigt“*, wurde in erster Lesung übrigens auch von ihren weiblichen Mitstreiterinnen abgelehnt, in zweiter Lesung einstimmig angenommen.

DER ZWEITE SATZ WURDE ERST 1994 NACH DER WIEDERVEREINIGUNG EINGEFÜGT

„Der Staat fördert die tatsächliche Durchsetzung der Gleichberechtigung von Frauen und Männern und wirkt auf die Beseitigung bestehender Nachteile hin.“ Dieser Satz wurde erst nach der Wiedervereinigung ins Grundgesetz aufgenommen. Damals wurden die ersten Gleichstellungsgesetze formuliert, die Position der Gleichstellungsbeauftragten wurde eingerichtet und seitdem versucht der Staat tatsächlich etwas gegen die Ungleichheit zu tun. 2001, glaube ich, stellte der Gesetzgeber offiziell fest, dass Männer nicht strukturell benachteiligt sind. Deshalb sind bei einer Unterrepräsentanz von Männern keine Maßnahmen vorzunehmen. Jedoch bei einer Unterrepräsentanz von Frauen müssen Frauen bei gleicher Qualifikation bevorzugt werden.

Am 10. Oktober 2017 hat der erste Senat des Bundesverfassungsgerichts ein drittes Geschlecht für den Eintrag ins Geburtenregister gefordert. Seitdem werden Ausschreibungen mit den Abkürzungen „m, w, d“ gekennzeichnet. Das soll heißen: „männlich, weiblich, divers“, aber viele lesen es scherzweise als

„MÄNNLICH, WEISS, DEUTSCH“

Am 12. April 2024 wurde das Selbstbestimmungsgesetz verabschiedet. Das bedeutet, ab dem 1.8. sind Anmeldungen zu Identitätsänderungen und formalen Geschlechtsänderungen, ohne medizinische Begründung möglich. Und ab 1.11. werden die ersten neuen Personalausweise und Geburtsurkunden ausgegeben.

SPANNUNGSFELD ZWISCHEN DER GLEICHSTELLUNGSARBEIT FÜR FRAUEN UND DER FÜR MINDERHEITEN

Wir stellen fest: innerhalb einer Mehrheit, nämlich der Mehrheit von Männern und Frauen, ist eine Mehrheit, nämlich die Frauen, mit rund 51 Prozent strukturell benachteiligt. Das sieht man an sämtlichen Gender Gaps und an der Gewalt gegen Frauen (Jeden Tag versucht in Deutschland ein Mann, eine Frau umzubringen und jeden dritten Tag gelingt es einem).

Neben dieser Mehrheit von Frauen existiert eine Minderheit. Das sind die intersexuellen, asexuellen, transsexuellen Menschen, die ebenfalls strukturell benachteiligt sind. Und darüber hinaus existieren weitere Merkmale mit Diskriminierungspotenzial. Nun fördert aber der Staat laut Grundgesetz die tatsächliche Durchsetzung der Gleichberechtigung von Frauen und Männern und nicht die aller Minderheiten oder die aller Menschen mit Merkmalen mit Diskriminierungspotenzial. Man würde ja auch nicht von Gleichstellungsbeauftragten verlangen, dass sie sich für Behinderte einsetzen. Dafür gibt es die Schwerbehindertenvertretung. Wir sind der Meinung, der Staat muss weiterhin auf die Beseitigung der strukturellen Benachteiligung von Frauen hinwirken. Dieser Auftrag im Grundgesetz darf nicht durch Minderheiten verwässert werden.

[Alle Informationen über Elisabeth Selbert sind dem Buch „Ein Glücksfall für die Demokratie" Elisabeth Selbert (1896-1986). Die große Anwältin der Gleichberechtigung. Mit Beiträgen von Heike Drummer und Jutta Zwilling u. a., hrsg. von der hessischen Landesregierung, Wiesbaden 2008, entnommen.]

Gedicht von Dr. Monika Barz und Marina Piestert

Elisabeth wir danken dir

Elisabeth wir danken dir,
ohne Dich wär‘n wir nicht hier.
Stünden wohl an Heim und Herd
und das wäre ganz verkehrt.

Elisabeth wir loben dich,
die Welt mit Einstein dich verglich.
Relativ – ach so banal,
gleiches Recht für Frauen – ist genial.

Elisabeth du fehlst uns so,
die Welt ist düster und nicht froh.
Wir wissen weder ein noch aus.
Dein Grundgesetz, das holt uns raus.

Elisabeth schick deinen Geist,
der Ordnung bringt, auf dein Geheiß.
Die Ampel hat sich ganz verlor‘n
und gegen Frauen sich verschwor‘n.

Elisabeth, du glaubst es kaum,
die Ampel bricht da was vom Zaun.
Identitäten sind jetzt in,
Der Frauen Rechte bald dahin.

Elisabeth es ist ‘ne Qual.
Der Trick ist simpel und banal:
Männer sich als Frauen zeigen,
wir hingegen sollen schweigen.

Elisabeth, hör dir das an:
Die Ampel ein Gesetz getan,
wonach die Männer Frauen sind,
auf Antrag heute ganz geschwind.

Elisabeth fühlst Du´s im Grab,
dass alles was Du Frauen gabst,
genommen wird ohn’ Unterlass?
Ich sage Dir, das macht kein Spaß!

Artikel 3 wird ausgehöhlt
und von Männern laut gegröhlt:
„Gleiche Rechte für’s Papier,
Frau sein definieren wir!“

Elisabeth es ist genug!
Wir Frauen heute auch sind klug:
Wir kämpfen gegen Männermacht
und sind jetzt mächtig aufgewacht.

Elisabeth wir würden gern
es zeigen diesen flachen Herrn.
Dein Mut uns durch die Wirren führt,
in Deinem Sinne unbeirrt.

Elisabeth noch auf ein Wort,
Deutschland wird ein schlimmer Ort:
„FLINTA“, „cis“ und Gendersprech,
Männer werden richtig frech

Elisabeth sei stolz auf uns,
in Schranken weisen wir die Jungs.
Die kapern unsere Toiletten,
doch wir werden diese retten.

Elisabeth ein Satz zum Schluss:
Dich zu kennen ist ein MUSS!
Wir verdanken Dir so viel
und werd´n verhindern böses Spiel.

Rede von Gesine Pillardy

Die Realität stimmt nicht mit Artikel 3 überein

In unserem GG steht in Artikel 3:

Männer und Frauen sind gleichberechtigt.

Dieser Satz musste erkämpft werden. Im Jahr 1949 war die Vorstellung einer Gleichberechtigung der Geschlechter keinesfalls eine Selbstverständlichkeit. Elisabeth Selbert, an die wir heute erinnern wollen, nahm diesen Kampf auf, trotz des Gegenwinds, den sie bekam. Carlo Schmid, SPD-Politiker versuchte ihr zu erklären, dass die Tatsache, dass Frauen den Männern rechtlich nicht gleichgestellt sind und sie in einigen Bereichen auf die Genehmigung ihres Mannes angewiesen sind, doch dem Schutze der Frauen diene. Und Hermann von Mangold (CDU) äußerte, er könne es sich nur schlecht vorstellen, dass ein Mann in einer Ehe die Kinder versorgen solle.

Elisabeth Selberts Kampf für den Artikel 3 im GG war trotz aller Widerstände erfolgreich, nicht zuletzt deshalb, weil Frauen aus allen Teilen der Republik hinter dieser Forderung standen und diese mit Eingaben an die Regierung unterstützten. Es ist gut, dass es diesen Artikel gibt, aber wie sieht es mit der Umsetzung aus? Die gesetzliche Regelung, dass Ehemänner den Arbeitsvertrag ihrer Ehefrauen fristlos kündigen konnten, wenn das Essen nicht pünktlich auf dem Tisch stand, wurde erst im Jahr 1977 abgeschafft. Und auch heute noch stimmt die gesellschaftliche Realität nicht mit Artikel 3 überein. An drei Punkten lässt sich das festmachen: Zum einen an der

ROLLENVERTEILUNG

Sowohl Kinderbetreuung als auch Hausarbeit sind immer noch überwiegend Frauensache. Während ein Mann durchschnittlich 0,8 Stunden pro Tag mit Hausarbeit verbringt, sind es bei Frauen 2,3 Stunden. Und während fast 2/3 der Mütter angeben, dass die Betreuung der Kinder ihre Erwerbstätigkeit beeinflusst, sagen das nur 15% der Väter über ihre Situation. Der zweite Punkt hängt eng mit der Rollenverteilung zusammen. Es geht um die

VERDIENSTUNTERSCHIEDE

Laut Statistischem Bundesamt hat sich der prozentuale Unterschied der Löhne von Männern und Frauen in den letzten Jahren sogar noch vergrößert. Im Durchschnitt erhalten Frauen monatlich 1.192 Euro weniger Bruttogehalt als Männer. Das hat natürlich mit der weiterhin bestehenden Rollenverteilung zu tun. Frauen arbeiten öfter als Männer in Teilzeit und haben öfter Erwerbsbiographien, die durch Erziehungszeiten unterbrochen wurden. Der dritte Punkt ist die

PARTNERSCHAFTSGEWALT

Auf das Jahr gerechnet wird in Deutschland fast täglich eine Frau von ihrem Partner oder Ex-Partner ermordet. Statistisch gesehen wird alle 45 Minuten eine Frau Opfer von gefährlicher Körperverletzung durch Partnerschaftsgewalt. Und es ist davon auszugehen, dass die Dunkelziffer noch wesentlich höher liegt. Es ist ein Skandal, dass in diesem reichen Land aktuell 14tausend Plätze in Frauenhäusern fehlen und Frauen in Not abgewiesen werden müssen.

So weit, so schlecht! Aber was können wir dafür tun, dass Artikel 3 Realität wird, dass es zu einer wirklichen Gleichberechtigung, zu einer wirklichen Befreiung der Frau kommt?

Ich meine, ein wesentlicher Schritt zur Selbstbestimmung über das eigene Leben für Frauen ist, dass der Unterdrückung die materielle Grundlage entzogen wird.

DENN ES IST DOCH SO:

Die Familie und die Arbeit, die dort verrichtet wird, ist eine feste Säule der kapitalistischen Wirtschaft. Gesellschaftliche Reproduktionsarbeit/Care-Arbeit schafft zwar an sich keinen Profit, aber sie ist notwendig um alles am Laufen zu halten, um Menschen zu versorgen, sie gesund zu halten und arbeitsfähig zu machen.

Es ist die Voraussetzung für Lohnarbeit. Dieser reproduktive Bereich, die Care-Arbeit wird im Kapitalismus Frauen zugeschrieben. Sowohl vom Kapital als auch vom Staat wird dieser Arbeit ein geringer(er) Wert zugeschrieben als der Produktion von Waren. Das soll sicherstellen und auch rechtfertigen, dass diese Art von Arbeit billig bzw. unentlohnt stattfindet.

Aber: diese Arbeit ist gesellschaftlich notwendig und muss deshalb auch gesellschaftlich organisiert werden.

WAS WIR DAFÜR BRAUCHEN, IST EIN MASSIVER AUSBAU DES SOZIALSTAATES:

- Zum Beispiel einen Ausbau an Betreuungsplätzen und -angeboten, an Ganztagsschulen, die qualitativ hochwertig und bezahlbar sind und es beiden Elternteilen ermöglichen, arbeiten zu gehen.
- Zum Beispiel die gesellschaftliche Aufwertung der klassischen Frauenberufe, die sich nicht im Klatschen vom Balkon aus ausdrückt, sondern in höheren Löhnen und besseren Arbeitsbedingungen.
- Zum Beispiel die Verwirklichung einer alten Forderung: eine radikale Reduzierung des „Normal“arbeitszeitverhältnisses

für Männer und Frauen bei vollem Lohn- und Personalausgleich. Davon würden im Besonderen die Teilzeitbeschäftigten, unter denen ein Großteil Frauen sind, profitieren. Es würde aber auch den Bedürfnissen von Vollzeitbeschäftigten entsprechen, die bei Befragungen immer wieder angeben, sich mehr Zeit für sich, für Partnerschaft und Familie zu wünschen.

Diese Punkte wären wichtige erste Schritte auf dem Weg einer Verwirklichung des Art 3 . Sie würden es Frauen und (auch Männern) ermöglichen, Familie und Erwerbsarbeit zu vereinbaren, sie würden Frauen finanziell unabhängig von ihren Ehemännern werden lassen.

Doch weder eine gute Kinderbetreuung noch bessere Löhne werden einfach vom Himmel fallen. Sie werden erkämpft werden müssen, denn sie sind nicht im Interesse der herrschenden Klasse dieses Landes. Diese hat derzeit ein ganz anderes Interesse als wir: sie trommeln unüberhörbar die Kriegstrommel und stecken Milliarden in die Aufrüstung dieses Landes. Dieses Geld fehlt, für Betreuungsplätze, für bessere Arbeitsbedingungen und höhere Löhne, für Frauenhäuser. Und sie erwarten von uns, dass wir diesen Kurs mittragen oder wenigstens stillschweigend akzeptieren. Der Chef des Wirtschaftsforschungsinstituts Ifo vertritt die Meinung, dass an Kürzungen im Sozialbereich kein Weg vorbeigeht. Er drückte es so aus: „Kanonen und Butter kann es nicht geben!“, und er erwartet, dass wir stillschweigend auf die Butter verzichten. Wir aber können uns die Butter nicht nehmen lassen, nein, wir müssen noch viel mehr Butter fordern, um unser Ziel, die wirkliche Gleichstellung von Frauen und Männern, zu erreichen. Und dies kann uns nur im Frieden gelingen. Deshalb sage ich: nehmen wir uns ein Beispiel an Elisabeth Selberts Durchhaltevermögen und Mut und kämpfen in unserem Umfeld, im Betrieb, in der Gewerkschaft, auf der Straße für den Frieden, für den Ausbau des Sozialstaates, für die Befreiung der Frau und letzten Endes für die Befreiung aller Menschen!

Bibliographie

Barbara Böttger, „Das Recht auf Gleichheit und Differenz – Elisabeth Selbert und der Kampf der Frauen um Art. 3 II Grundgesetz", Verlag Westfälisches Dampfboot, Münster, 1990

Barbara Böttger „Elisabeth Selbert, ‚Mutter' des Grundgesetzes, profilierte Politikerin, Anwältin aus Berufung, Frauenrechtlerin wider Willen", in: „Ariadne – Almanach des Archivs der deutschen Frauenbewegung, Den Frauen ihr Recht – Zum 100. Geburtstag von Elisabeth Selbert", Heft 30, September 1996, S. 4ff.

Grit Bühler, „Eigenmächtig, frauenbewegt, ausgebremst. Der Demokratische Frauenbund Deutschlands und seine Gründerinnen (1945–1949)", Frankfurt a. M./New York 2022

Grit Bühler, „(Die) Mütter der Gleichberechtigung in der DDR. Die frauenbewegte Gründerinnenzeit des Demokratischen Frauenbundes Deutschlands (DFD) 1945 – 1949", in: Deutschland Archiv, *www.bpb.de/542468*.

Antje Dertinger, „Ein ermutigendes Frauenleben: Elisabeth Selbert", in Hessische Landeszentrale für politische Bildung, Blickpunkt Hessen, Nr. 23/2020.

Antje Dertinger, Elisabeth Selbert: Ein selbstbestimmtes Frauenleben", in: Sammelband von Hans Eichel, Barbara Stolterfoht (Hg.), „Elisabeth Selbert und die Gleichstellung der Frauen – Eine unvollendete Geschichte", 2015, S. 10ff.

Heike Drummer, „Sternstunde ihres Lebens" – Weit mehr als ein Spielfilm über Elisabeth Selbert, in: Sammelband Eichel/Stolderfoht, s.o., S. 137ff.

Cornelia Filter, „Her mit unseren Rechten!", in: Emma, Mai/Juni 2024, S. 48ff.

Karin Gille-Linne, „Abgelehnt! Wie die Gleichberechtigung dennoch ins Grundgesetz kam und welche Rolle die Juristin Elisabeth Selbert dabei spielte", in: Sammelband Eichel/Stolderfoht, s.o., S. 27ff.

Christine Hohmann-Dennhardt, „Artikel 3 Absatz 2 Grundgesetz – ein verpflichtendes Erbe“, in: Sammelband Eichel/Stolderfoht, s.o., S. 37ff.

Lore Maria Peschel-Gutzeit, „Elisabeth Selbert und die Familienrechtsreform – eine unendliche Geschichte, in: Sammelband Eichel/Stolderfoht, s.o., S. 119ff.

Elke Schüller, „Unserem Recht zu seinem Recht verhelfen“, in: „Ariadne – Almanach … s.o., S. 24ff.

Elke Schüller, „Die anderen drei Mütter der Verfassung: Frieda Nadig, Helene Wessel, Helene Weber“, in: „Ariadne – Almanach … s.o., S. 22f.

Ulrike Schultz, Ein Quasi-Stürmlein und Waschkörbe voller Eingaben. Die Geschichte von Art. 3 Abs. 2 Grundgesetz, in: Frauen und Recht. Reader für die Aktionswochen der kommunalen Gleichstellungsbeauftragten 2003. Im Auftrag des Ministeriums für Gesundheit, Soziales, Frauen und Familie NRW. Düsseldorf 2003, *www.fernuni-hagen.de/rechtundgender/downloads/Art._3.pdf*

Vera Slupik, Die Entscheidung des Grundgesetzes für Parität im Geschlechterverhältnis. Zur Bedeutung von Art. 3 Abs. 2 und 3 GG in Recht und Wirklichkeit“, Diss., Schriften zum Öffentlichen Recht, Band 543, Verlag Duncker & Humblot, Berlin 1988

Hess. Landesregierung (Hrsg.) „Ein Glücksfall für die Demokratie“ Elisabeth Selbert (1896-1986) Die große Anwältin der Gleichberechtigung, Wiesbaden, 2008

Siehe auch:

„Sternstunde ihres Lebens“, Deutscher Fernsehfilm aus dem Jahr 2014 mit Iris Berben als Elisabeth Selbert

Elisabeth Selberts Radioansprache am 20.1.1949, www.swr.de/swrkultur/wissen/archivradio/gleichberechtigung-im-grundgesetz-dank-elisabeth-selbert-102.html (abgerufen am 4.1.2025)

Die Rednerinnen

PROF. DR. MONIKA BARZ (*1953) Sozialwissenschaftlerin, von 1993-2016 Professorin an der Evangelischen Hochschule Reutlingen/Ludwigsburg zu Frauen- und Geschlechterfragen und Feminismus. Seit den 1970er Jahren aktivistisch in der Frauen- und Lesbenbewegung engagiert. Trägerin des Bundesverdienstkreuzes. *de.wikipedia.org/wiki/Monika_Barz; www.eh-ludwigsburg.de/hochschule/personenverzeichnis/ansicht/m.barz*

DR. GRIT BÜHLER (*1969) Historikerin, studierte Angewandte Sozialwissenschaften, u. a. in New York. Sie promovierte an der Universität Erfurt in Geschichtswissenschaften, forscht und publiziert zu Frauen- und Geschlechtergeschichte.

MONICA CALLA ist ausgebildete Schauspielerin, Kabarettistin und Autorin mit 30 Jahren Bühnenerfahrung. Sie spielt im Theater, auf Kleinkunstbühnen und in ihrem eigenen Kindertheater, schreibt Theaterstücke, Texte für Kabarettprogramme, satirische und feministische Lyrik und hat ein Kinderbuch geschrieben. *www.monica-calla.de*

MONIKA MENGEL Print-und Hörfunkjournalistin. Sängerin der Flying Lesbians, der ersten Frauenrockband auf dem europäischen Festland. *flying-lesbians.de*

MARINA PIESTERT war schon in den 80ern und 90ern in der Frauenbewegung engagiert – politisch im *Kofra* München und im *Münchner Frauenkulturhaus*. Wieder aktiv bei verschiedenen Vereinen und Initiativen für Frauenrechte ist sie seit der Aktion *#saveTDF* von Frauen, die den historischen Richtungswechsel zur Definition, was eine Frau ist, beim Verein *Terre des Femmes* nicht mittragen wollen.

GESINE PILLARDY (*1972) ist als Sozialarbeiterin im Allgemeinen Sozialen Dienst des Jugendamtes beschäftigt. Seit vielen Jahren engagiert sie sich politisch in linken Zusammenschlüssen in Kassel.

SUSETTE SCHUBERT Gründungsmitglied und stellvertretende Vorsitzende des Vereins *Frauenheldinnen e.V. www.frauenheldinnen.de*

PATRICIA SCHULZ (*1961) war schon in den 80ern in autonomen und basisdemokratischen Strukturen aktiv, in den letzten Jahren vor allem in gewerkschaftlichen Gremien. Die Angriffe gegen bereits erkämpfte Frauenrechte aus allen politischen Lagern und Veränderungen in der Ausrichtung zahlreicher Organisationen, die ursprünglich als Interessenvertretung für Frauen und Mädchen entstanden waren, führten dazu, dass sie mit anderen engagierten Frauen den Verein „Netzwerk Frauenrechte e. V." gründete. *www.netzwerkfrauenrechte.de*

GUNDA SCHUMANN (*1954) studierte Rechtswissenschaften und Soziologie in Berlin und New York, arbeitete bei den Vereinten Nationen in New York und Namibia, bei der Treuhandanstalt Berlin, für die EU und die Bundesregierung zur Entwicklung rechtsstaatlicher und marktwirtschaftlicher Strukturen in Osteuropa und Asien. Sie ist Vorständin des *Lesbischen Aktionszentrums (LAZ) reloaded e.V.* Berlin, das seit 2023 Mitglied von LBORI (Lesbian Bill of Rights International) ist. In dieser Funktion ist sie Aktivistin der nationalen und internationalen radikalen lesbisch-feministischen Bewegung. *www.laz-reloaded.de*

DR. GERIT SONNTAG (*1969) Kommunikationsforscherin, angestellt bei der Deutschen Forschungsgemeinschaft, nebenberuflich Gründerin und Betreiberin des feministischen Magas Verlag für Bücher, die Frauen stärken. *www.magas-verlag.de*

ASTRID WARBURG-MANTHEY (*1966) Diplom Sozialpädagogin/Sozialwissenschaftlerin. Neben ihrer Tätigkeit in der Suchtkrankenhilfe ist sie Gleichstellungsbeauftragte einer Kommune im Landkreis Harburg und beratendes Mitglied im Jugendhilfe- und Sozialausschuss des Landkreises. Ehrenamtlich arbeitet(e) sie u.a. im Kinderschutzbund, im Verein Gewalt überwinden e.V., im Verein säkularer Islam e.V. (zu dessen Gründungsmitgliedern sie gehört) und Terre des Femmes.

WEITERE TITEL IM MAGAS VERLAG:

Warum Stillen politisch ist
Gabrielle Palmer. Übers. v. Ingeborg Hagedorn. Über die komplexen Kräfte und Motive, die hinter unserer scheinbar individuellen Still-Entscheidung stehen.
ISBN: 978-3-949537-00-4

Was im Wochenbett wichtig ist
Sophie Messager. Übers. v. Sabine Schulte. Tipps und Ideen wie wir Wöchnerinnen stärken können. Nur eine gesunde Mutter kann gut für ihre Kinder sorgen.
ISBN: 978-3-949537-01-1

Die Gebärhaltung der Frau
Liselotte Kuntner. „Dieses Buch darf als Standardwerk im Hebammenwesen bezeichnet werden", Deutscher Hebammenverband.
ISBN: 978-3-949537-02-8

Geburt von der Stange?
Hrsg. von Hannah Dahlen, Bashi Kumar-Hazard & Victoria Schmied. Übers. v. Hannah Freiwald. Menschenrechte und Geburt: Warum Frauen weltweit außerklinisch gebären und wie man das System verbessern kann.
ISBN: 978-3-949537-03-5

Fünf Julias
Mattheus Souza. Übers. v. Petra Bös. Ein spannender Roadmovie über junge Frauen und die Macht sozialer Medien.
ISBN: 978-3-949537-04-2

Dringend rotwendig – die menstruelle Revolution
Hrsg. von Karen Pickering & Jane Bennett. Übers. v. Maike Hopp. Nur wenn wir die menstruelle Scham überwinden, können wir echte Gleichberechtigung erreichen.
ISBN: 978-3-949537-05-9

Was ist obszön?
Rokudenashiko. Übers. v. Anna Fleiter. Ein autobiografischer Manga über die mehrfache Festnahme einer japanischen Vulvakünstlerin.
ISBN: 978-3-949537-06-6

Gebären wie eine Feministin
Milli Hill. Übers. v. Sarah Heidelberger. Ein Leitfaden für alle, die sich fragen, was sie konkret zur Verbesserung ihrer eigenen Geburt und der Geburtssituation allgemein beitragen können.
ISBN: 978-3-949537-07-3

Zurück zur Geburt als Übergangsritus
Rachel Reed. Übers. v. Ingrid Glienke. Ein holistischer und evidenzbasierter Rahmen, um Geburt zu verstehen.
ISBN: 978-3-949537-08-0

Die Soul Coaching Karten
Denise Linn. Übers. v. Helen Bolke-Hermanns. Jede der 52 Karten birgt eine Botschaft deiner Seele.
ISBN: 978-3-949537-09-7

Fakten über Transgender
Helen Joyce. Was Sie schon immer über die neue Transbewegung wissen wollten, sich aber nie zu fragen getraut haben.
ISBN: 978-3-949537-10-3

Mütter. Macht. Politik. – Ein Aufruf!
Sarah Zöllner & Aura Shirin Riedel. Über die systematische Benachteiligung von Müttern in unserer Gesellschaft und was man daran ändern sollte.
ISBN: 978-3-949537-11-0

Ur-Mutter-Weisheiten
Susanne Solveigsdotter. 56 Affirmationskarten, die dich mit den urweiblichen Wurzeln deiner Ahninnen im Paläolithikum und Mesolithikum verbinden.
ISBN: 978-3-949537-14-1

Undomestiziert
Xanadine. Warum die alten Göttinnen wild, frei und schamlos ihr eigenes Ding gemacht haben und was ich gerne viel früher von ihnen gelernt hätte.
ISBN: 978-3-949537-17-2

FRAUENleben
Sonja Schiff & Rochus Gratzfeld. 33 (Halb-)Akte und Aussagen der Fotografierten zu den Themen Frausein, Körperlichkeit und Altern.
ISBN: 978-3-949537-18-9

Die wunde Mutter
Klara Nordin Stensö. Aus dem Schwedischen übers. v. Anja Lerz. Autobiografische Graphic Novel über Geburt und Stillen sowie das Aufeinandertreffen von Erwartung und harter Realität.
ISBN: 978-3-949537-19-6

Der Ritt auf dem Besen
Joséphine Comferé. Der geheimnisvolle, manchmal atemberaubende Weg voll von spirituellen Erlebnissen und mysteriösen Zufällen. Ein autofiktionaler Abenteuerroman.
ISBN: 978-3-949537-20-2

[The Birth Partner]
Penny Simkin & Melissa Cheyney. Für den Partner, die Partnerin und alle, die im Gebärsaal wirklich hilfreich sein möchten.
ISBN: 978-3-949537-22-6